Christoph Klimke

Federico García Lorca *oder* Honig ist süßer als Blut

Ein Essay

*

Herausgegeben
von
Jure Brekalo
und
Siegfried Heinrichs

Oberbaum

Erstveröffentlichung
© Oberbaum Verlag GmbH 1998
Taschen-, Kunst- und Sachbuchverlag
Chemnitz . Berlin . St. Petersburg
Rudolf-Breitscheid-Straße 15
D-09112 Chemnitz
*
Oberbaum Verlag GmbH
Friedelstraße 6
D-12047 Berlin
Telefon und Fax: 030 / 624 69 21
*
Satz: Oberbaum Verlag GmbH
Druck: „Argumentum", Budapest
Printed in Hungary. Alle Rechte vorbehalten.
ISBN 3-928254-79-0

Federico García Lorca
oder
Honig ist süßer als Blut

„Wenn die Gewohnheit eine zweite Natur ist,
so hindert sie uns doch, die erste kennenzulernen,
von der sie weder die Grausamkeit
noch den Zauber besitzt."

Marcel Proust

„Und wir atmen die wahre Luft des Paradieses,
des einzigen Paradieses, das nicht der Traum
eines Irren ist, des Paradieses, das verloren ist."

Samuel Beckett über Marcel Proust

Eine Vorbemerkung

Lorca? Das ist lange her und weit weg. Ein andalusischer Dichter, der 1936 erschossen wurde. Seine Gedichte sind so berühmt wie einige seiner Stücke. Viel Folklore auf den Bühnen. Nein, Lorcas Werk, seine Gedichte, seine Zeichnungen, Briefe, Texte und Dramen verbindet das Maskenhafte. Nicht nur surrealistische Metaphern verrätseln, um zu erklären: in Lorcas Lyrik sind seine Figuren zu finden und in seinen Dramen viel Poesie. Die eigene Biographie, das Leben Federico García Lorcas, seine Liebe verstecken, verkappen zu müssen, ist so bedeutsam für sein Werk wie seine Beziehung zu Salvador Dalí. Lorca löst sich mehr und mehr von seinem Land und entdeckt die Proustschen Dimensionen der Zeit. Seine Figuren sind Opfer. Sie leben zwischen Spanischen Wänden in einem Labyrinth aus Wünschen, Tabus, Gewalt, sozialem Unrecht und politischer Unterdrückung. Zwischen Ignoranz und Träumen. Zumindest in der lyrischen Sprache Lorcas finden sie eine andere Welt, ein anderes Leben. Und viel tragische Komik.
Lorcas Ermordung ist bis heute ein Trauma für Spanien. Einige wenige haben ihn hingerichtet. Doch ist er das Opfer einer faschistischen, katholischen Macho-Gesellschaft, die alles haßt, was anders oder schwach zu sein scheint. Lorcas Ruhm und enorme Popularität schützten ihn, wie er glaubte, nicht. Seine öffentliche Haltung, sein politisches Engagement war Francos Schergen zu gefährlich.
Es gibt kein Entrinnen vor dem Gestern. Das gilt für die Figuren in Lorcas Werk, das galt für Lorca selbst und gilt für die spanische Gesellschaft heute. Die Lorca-Legenden und -Inszenierung sind voller falscher Masken: Nicht die andalusische Folklore, nicht die

schwarz gekleideten Frauen und weißen Häuser, nicht die Bühnenbilder jener Zeit haben Bestand. Lorcas Werk ist viel freier hiervon, als heutige Aufführungen es zeigen. In diesen Texten liegt mehr Wagnis zwischen Grausamkeit und Zauber, zwischen Liebe und Tod.
Liest man seine Texte, entdeckt man ein Netzwerk von Träumen und Geheimnissen, Rätseln und Maskierungen. Und eine wachsende Wahrnehmung von Unrecht. Lorcas Werk ist ein Plädoyer gegen Ausgrenzung und für den individuellen Zauber. In seinen Gedichten, Theaterstücken und Zeichnungen ist ein anderes Leben als allein das machbare dargestellt. Der Kampf des einzelnen gegen die Normen der Gesellschaft und die eigenen Tabus kann gewonnen werden. Lorcas Figuren haben eine andere Sprache. Eine Ironie auch, die sie befähigt, ihren Reichtum zu erleben.
Lorca schildert wie Shakespeare unsere Liebe zu einem Menschen immer als eine Liebe zu etwas anderem. Es geht ein Riß durch das Leben seiner Figuren. In gesellschaftliche wie private Gewohnheiten eingesponnen, verharren sie in einem Gefängnis der Träume. Und warten oft bitter komisch wie die Figuren eines Samuel Beckett. Einsamkeit ist unheilbar. Wir bewegen uns in den Zwischenbereichen, ohne ankommen zu können. Die Narren müssen es büßen.
Lorca macht das Paradies sichtbar, in dem wir leben. Es gleicht dem Paradies im „Garten der Lüste" eines Hieronymus Bosch. Hier ist bereits alles da, der Zauber, der Trug, die gegenwärtige Gewalt. Der Körper ist der Passionsort. Zwischen Liebe und Tod. Flora und Fauna offenbaren die Freiheit einer schamlosen Welt. Diese Grotesken aus Strenge und Unbeständigkeit erinnern an den Traum, an Lachen, Glück und Angst vor dem Unbekannten, vor einer Zukunft, die hier weit zurückliegend dargestellt wird.

Lorca gibt seinen Figuren eine neue Sprache, neue Bilder und Musik, einen neuen Sinn. Er löst sich aus seiner Zeit und dem Umfeld der Freunde, wie Salvador Dalí, Manuel de Falla oder Luis Buñuel. Zwischen Tradition und Surrealismus geht er seinen eigenen Weg. Auf diesem Weg zu sich selbst feiern seine Texte den geheimnisvollen Archetypus einer Schönheit, die verlorenzugehen scheint. Die Schönheit von Natur, von der Fremde und Körpern. Und die Achtung davor. Lorca macht seine immense Imaginationsfähigkeit sichtbar für seine Leser und sein Theater-Publikum. Er zieht uns in eine andere Welt, die wir mehr und mehr negieren. Er appelliert an eine Ur-Fähigkeit des Menschen: an die Phantasie, und glaubt an die Wirklichkeit der Mythen, auf die wir mit unseren Träumen antworten. In einem zerstörerischen Prozeß können wir uns frei machen.

Die *Zigeunerromanzen*, der Band *Dichter in New York*, *Gedichte vom tiefinnern Gesang* und die *Sonette der dunklen Liebe* belegen den lyrischen Befreiungsprozeß eines Dichters von Weltruhm. Von *Mariana Pineda* und *Sobald fünf Jahre vergehen* über *Bluthochzeit*, *Yerma* und *Bernarda Albas Haus* bis hin zu *Komödie ohne Titel* und *Das Publikum*, Lorcas schriftstellerischer Weg als Lyriker und Dramatiker zeugt von der einzigartigen Fähigkeit, Tradition und Avantgarde zu verbinden.

Federico García Lorca, 1898 geboren, wird 1936 ermordet.

In der spanisch sprechenden Welt, aber auch in den USA erreichen seine Lyrik-Bände unvergleichlich hohe Auflagen. Seine Stücke werden gespielt, bis sie mit seinem Tod in der allzulangen Franco-Zeit tabu sind.

In dieser Reise durch seine Texte, sein Land und sein Umfeld mit Zitaten aus seinem Werk und aus Briefen, mit seinen Zeichnungen werden Lorcas Masken sichtbar. Lorca lesen und Lorca spielen, es gilt, seine Labyrinthe zu beleben, wohl wissend um seine Biographie, die Geschichte des Spanischen Bürgerkriegs und die Freundschaft zu den großen Surrealisten. „Honig ist süßer als Blut" heißt ein Bild Salvador Dalís. Auf diesem Bild malt er auch den Kopf seines Freundes Federico García Lorca, der abgetrennt zwischen Kadavern, erotischen Leibern, Gespinsten und Chimären in einer südlichen Traum-Landschaft liegt. Zwischen Liebe und Tod.

I.

FÜR MICH IST TRÄUMEN
BESSER ALS LEBEN

Für mich ist Träumen besser als Leben[1]

Sommer 1936. *Granada eignet sich zum Traum*[2], hatte Federico García Lorca über seine Heimatstadt geschrieben. Nun herrschen in Spanien Unruhen, die politische Rechte ist unaufhaltsam auf dem nationalen Vormarsch. Nicht nur durch den Gewinn von Wahlen, sondern durch Terror und Amtsmißbrauch, Gewalt und Einschüchterungen. Die junge Republik ist in Gefahr. Der Bürgerkrieg wird vorbereitet. Willkür und Mord sind an der Tagesordnung. Auch die Linke bewaffnet sich, und die Arbeiter gehen auf die Straße, als Rechtsgerichtete in Allianz mit der Kirche und „Falange" Propaganda für ein anderes Spanien machen. Faschismus sei die bessere Alternative zu Anarchie. In diesem Klima aus Angst, Denunziation und Umsturz kehrt Lorca nach Granada zurück, scheinbar sicher, ihm könne ob seines Ruhms und seiner enormen Popularität nichts geschehen.

Die Tageszeitungen berichten über die Ankunft des Dichters in der Stadt. Lorca liest Freunden aus seinem neuen Theaterstück *Bernarda Albas Haus* vor, das sein letztes wurde. Er äußert sich kritisch zur politischen Situation in Spanien und greift vor allem auch Lokalpolitiker seiner Heimat an. Die Lage spitzt sich zu. Franco propagiert seine „Nationale Bewegung", Generäle übernehmen Stadt für Stadt das Kommando in den Provinzen des Landes, während die Madrider Regierung glaubt, die Demokratie sichern zu können. Von Sevilla aus baut General Queipo de Llano seine faschistische Vormachtstellung in ganz Andalusien aus. Ihm ist jedes Mittel recht, denn Franco will ohne Rücksicht auf Verluste in der Bevölkerung diesen Bürgerkrieg gewinnen. Es gibt immer mehr Überläufer bei den Offizieren, die zudem die wichtigen Radiostationen kontrollieren. Über alle diese Geschehnisse muß die Familie García Lorca informiert sein, zumal Lorcas Schwager, sozialistischer Bürgermeister von Granada, in Haft genommen und ganz direkt bedroht wird. Todesschwadrone durchziehen die Stadt, und an den Friedhofsmauern hinter der Alhambra finden Massenerschießungen statt. Lorca will seinen Schwager im Gefängnis besuchen, wird aber nicht zu ihm gelassen. Am 6. August wird die Huerta der García Lorcas zum ersten Mal durchsucht. Federico äußert sich Freunden gegenüber trotz alledem immer noch überzeugt vom baldigen Ende des Bürgerkrieges. Es werden Gerüchte gestreut, er betreibe russische Spionage. Er soll unter Hausarrest gestellt werden. Als Lorca schließlich unmittelbar Zeuge von Folter und Gewalt wird, wendet er sich an den befreundeten Dichter Luis Rosales, dessen Familie selbst der „Falange" angehört. Luis Rosales gewährt dem berühmten Lorca in seinem Haus Unterschlupf.

Lorcas Biograph Ian Gibson recherchiert die letzten Tage und Stunden Lorcas. Er soll stundenlang die Zeitungen studiert, Radiosendungen verfolgt oder seinen Gastgebern von letzten Reisen und nächsten Projekten erzählt haben. Schreiben konnte er hier und jetzt nicht. Aus der Tatsache, ausgerechnet bei Menschen sich versteckt zu halten, die zum einen direkte Nachbarn des Kommandanten Valdés Guzmán sind und dem faschistischen Zivilgouvernement nicht nur politisch nahestehen, sondern aktiv in der „Bewegung" mitmachen, diese ungeachtet ihrer politischen Haltung zudem zu seinen Freunden zu zählen, spricht Lorcas trügerisches Gefühl von Sicherheit, ein Vertrauen, das aus großer und immer noch ungebrochener Naivität geboren sein muß.

Am 16. August erfährt Lorca von der Exekution seines Schwagers. Am Nachmittag desselben Tages wird der

Dichter selbst verhaftet. Seine eindeutigen öffentlichen antifaschistischen Äußerungen, die zahlreichen Freundschaften mit prominenten Links-Intellektuellen, seine scharfe Kritik am Bürgertum Andalusiens, sein Plädoyer für die demokratische Republik Spanien, seine Kontakte zur politischen Linken weltweit, die Hetze der katholischen Presse gegen ihn nach der Uraufführung von *Yerma*, sein Engagement für Ausgegrenzte wie Zigeuner oder Schwarze und schließlich die im eigenen Land bekannt gewordene, immer noch geächtete Homosexualität liefern denjenigen Argumente, die – wie Lorca bekannt gewesen sein muß – genausogut auch willkürlich verhaften, foltern, töten. Die gefürchtete und von Lorca gefährlich gut beschriebene „Guardia Civil" holt ihn im Hause der inzwischen verängstigten Familie Rosales ab. Der Lorca persönlich bekannte und verhaßte ehemalige Abgeordnete Ruiz Alonso leitet die offensichtlich von ganz oben abgesegnete Aktion. Telefonate und Interventionen nutzen nichts. Alonso läßt Lorca abführen. Die Verhaftung ist so spektakulär und aufwendig, daß Lorca hofft, sie würde im ganzen Land bekannt und sein Ruhm werde ihn schützen.

Der Familie Rosales gegenüber wird versichert, Lorca werde nichts geschehen, und seine Angehörigen glauben an einen regulären Prozeß gegen Federico mit der Möglichkeit zur Verteidigung und Freilassung des Dichters. Die Kinderfrau der Schwägerin Lorcas berichtet, daß sie in diesen drei Tagen einen Korb mit Essen und Trinken in sein Arrest-Zimmer bringen wollte. Am dritten Tag wird sie belogen, Lorca sei verlegt worden. Gibson mutmaßt, Gouverneur Valdés habe zunächst noch gezögert, den Befehl zu Lorcas Erschießung zu erteilen. Lorca war nicht nur in Intellektuellen-Kreisen berühmt, er war so populär, daß seine

Ermordung der „Nationalen Bewegung" schaden konnte. General Queipo de Llano soll ihn schließlich bestärkt haben, dem Dichter „Kaffee, viel Kaffee" zu geben.
Federico García Lorca, mit Handschellen an einen Mitgefangenen gefesselt, wird von der „Guardia Civil" und der „Schwarzen Schwadron" zu seinem Hinrichtungsort gebracht. Nordöstlich von Granada bei Alfacar und Víznar werden Nacht für Nacht willkürlich oder unter Scheinanklagen politische und persönliche Gegner der Faschisten umgebracht. Lorca wird wie Hunderte von Männern und Frauen vor und nach ihm in einem ehemaligen Freizeitheim eingesperrt. Im Morgengrauen des 19. August werden er, ein Dorfschullehrer und zwei Anarchisten aus der sogenannten „Colonia" abgeholt. Erst jetzt haben die vier Gewißheit, die Hinrichtung steht unmittelbar bevor. Sie werden zur „Fuente Grande", einem großen Brunnen gebracht, der im Laufe der Geschichte schon von den Arabern Ainadamar, „Quelle der Tränen", genannt wird.
Lorca ist von der Gewehrsalve nicht tödlich getroffen. Man gibt ihm den „Gnadenschuß". Einer der Schützen soll sich damit gebrüstet haben, er habe ihm „zwei Schüsse in den Arsch gegeben, weil er schwul war." Unterdessen versuchen einflußreiche Freunde Lorcas, darunter vor allen Manuel de Falla, sein Leben zu retten. Erst nach Wochen werden die Gerüchte um Lorcas Verschwinden und Tod zur schrecklichen, für Spanien bis heute traumatischen Gewißheit. Lorcas Freund Rafael Rodríguez Rapún, Freiwilliger bei der republikanischen Armee, soll, als er vom Tode Federicos erfahren hat, den eigenen Tod im Krieg gesucht haben. Rapún stirbt fünfundzwanzigjährig, Lorca ist achtunddreißig, als er hingerichtet wird. Seine Ermordung erscheint heute als eine Tat aus politischen, aber auch

persönlichen Motiven wie Neid und Haß. Dieser Mord ist nicht nur kein Einzelfall, er entspricht dieser fatalen Mischung aus Willkür, Verleumdung und von oben abgesegneten „Säuberungen". Allerdings war der Entscheidungsspielraum der Befehlsgeber sicher größer als bei den deutschen Faschisten. Das Feindbild erscheint unschärfer, jeder der Verantwortlichen hätte Lorcas Hinrichtung verhindern oder zumindest aufschieben können.

Hier nun wörtlich zitiert das Zeugnis der Lügen um Lorcas Tod: seine Todesurkunde.

„Federico García Lorca. – Standesamt von Granada – Stadtgericht N° 1. – Am 21. April 1940, um 12.30 Uhr, wird in Granada in Anwesenheit des Stadtrichters, D. Enrique Jimenez Herrera Bejar, und des Polizeisekretärs, D. Nicolas M^q Lopez Diaz, der Tod von D. Federico García Lorca, ehelicher Sohn von D. Federico García Rodriguez und Da. Vicenta Lorca Romero, ledig, 38 Jahre alt, geboren in Fuente Vaqueros, ansässig in dieser Stadt, in Callejones de Granada, Huerta S. Vicente, eingetragen. Er starb im Monat August 1936 an Kriegsverletzungen, seine Leiche wurde am 20. Tag desselben Monats auf der Landstraße von Víznar nach Alfacar gefunden. – Diese Eintragung erfolgt aufgrund der richterlichen Verfügung des Untersuchungsrichters dieses Bezirks in Übereinstimmung mit dem Dekret vom 8. November 1936, begutachtet vom Staatsanwalt dieses Gerichtsbezirks. Als Zeugen aus der Nachbarschaft waren anwesend D. Miguel Jimenez Bocanegra und D. Juan de Dios Moya Villanova. – Nach dem Verlesen der Urkunde wurde sie mit Gerichtsmarken und Stempel versehen und vom Richter und den Zeugen unterschrieben. – Enrique J.-Herrera Bejar. – M. Jimenez. – Juan de D. Moya V. – Nicolas M^q Lopez. – Namenszeichen. Stempel."

Soweit der Wortlaut der amtlichen Todesurkunde. Die wahren Umstände der Ermordung können erst nach 1975, also nach Francos spätem Tod, genau untersucht werden. Seit den ersten Liberalisierungen der fünfziger Jahre wird das Werk Lorcas in Spanien mehr und mehr zugänglich, aber freie Edition und Forschung erst nach dem Tod des Diktators betrieben. Jetzt mehren sich auch die Inszenierungen der Stücke Lorcas.
Spaniens Faschismus wird endgültig mit Francos Tod zu Grabe getragen. Zwar war er längst nicht mehr an der Macht, aber seine Strukturen wirken vor allem in der Provinz, so auch in Andalusien, nach. Lorcas Ruhm heute ist nicht nur in Spanien und in der spanisch sprechenden Welt ungebrochen. Die Leser schätzen ihr Volksliteraturgut, sie erkennen hierin das Bild ihres Landes, das traditionsverbunden, aber auch von einem schweren Erbe belastet ist. So kann Lorcas berühmtes Gedicht über die „Guardia Civil" dieser bis heute nicht gefallen.
Federico García Lorca, Dichter mit Weltruhm, ein behütetes Kind reicher Eltern im ärmsten Südspanien, eine schillernde Figur im Club der Surrealisten, Freund von Salvador Dalí und Luis Buñuel, ein Dandy und Anarchist, der mit seinem Studententheater „La Barraca" durch die Dörfer zieht, um Theater fürs Volk zu machen, phantastischer Redner und Interpret eigener Gedichte und Lieder, ein begabter Zeichner und Darsteller, geschätzt in Europa, Argentinien, Mexiko, Kuba und den USA, die intelligente Mischung aus Tradition und Avantgarde, ein Umschwärmter voller Lebensfreude, die er, Berichten nach, wo er auch auftritt, weitergibt, ja, man kann sagen, ein früher Popstar und keineswegs der Dichter im Elfenbeinturm; ein Künstler, der sein Publikum sucht, weil er es bewegen, beunruhigen, aber auch unterhalten will; ein Reisender

in Sachen Lyrik und Theater, ein Regisseur eigener Auftritte, zahlreicher Interviews und Erklärungen, ein Visionär, der in einer sich rasant ändernden Welt und einem rückwärts gewandten Spanien an die verändernde Kraft der Kunst glaubt; ein Naiver mit Intelligenz und Leidenschaft. Ein Verfolgter.

II.

GRANADA – PARADIES FÜR VIELE VERSCHLOSSEN

Granada – Paradies für viele verschlossen

Andalusien heute. Der Reisende aus dem Ausland landet meist in Málaga oder Almería, zwei typisch verbaute Städte, in denen die letzten Reste städtebaulicher Geschichte nach und nach vernichtet werden. Andalusien ist so wenig Spanien wie Sizilien Italien. Zwei Inseln des Schweigens, zwei Länder zwischen den Welten. Über staubige Landstraßen, eingezwängt zwischen rasende Laster fährt man durch unzählige gesichtslose Straßendörfer. Hält man an einer der verlorenen Bars und tritt durch die bunten Fliegenvorhänge aus Plastik ein, drinnen immer dunkel, wird man von stummen Gestalten angestarrt. Unterwegs irgendwo das Höhlenpanorama von Guadix, da ragen Schornsteine wie Stetoskope aus der Erde. Viele Mauersegler, wenige Menschen. Fuente Vaqueros, ein Straßennest, langgezogen in obligatorischem Weiß. Langeweile auf dem Dorfplatz und ein Denkmal für den Dichter. Das Geburtshaus ein kleines Museum. Stolz sind sie inzwischen auf ihren Sohn und wissen vor allem, was er ihnen wert ist. Rote Berge im Hintergrund, Eukalyptus, Mandelgestrüpp, Orangen, Oliven, Minze. Und tatsächlich Frauen in Schwarz. Die ganze Folklore all der Inszenierungen uninspirierter Regisseure und Bühnenbildner. In Víznar erscheint alles reich und frisch gestrichen, als erwarte man einen Touristenschwarm aus Deutschland oder Japan. Geranien vor den fest verschlossenen Fenstern. Die Türen schließen sich auch sogleich wie von selbst. Fuente Grande, Parque Federico García Lorca. Ein ärmlicher Park. Der Brunnen, die Quelle in Tropfenform, umrandet von rotem Gestein. Der Grund ist blau. Rundherum einige Kiefern, Bungalows und der Blick auf Granada. Ich kaufe eine Postkarte. Darauf die Virgen de la Esperanza.

Links vom Schrein der Macarena in der Iglesia San Gil: General Queipo de Llano. Die Virgen, prunkvoll und transportabel, richtet ihren Puppenblick noch heute aufs Faschistengrab, ein Denkmal, ein roter Teppich für den katholischen Schlächter.
Das Andalusien zu Zeiten Lorcas war Dritte Welt. Weitab von Europa und fern von Madrid. Feudalismus, zudem ein braunes politisches Gemenge, dessen Zeichen heute noch im Land lesbar sind. Wüste und Schnee, ärmste Bauern, wenig Arbeit, Großgrundbesitzer. Wenig Tourismus. Starker Einfluß der katholischen Kirche, die sich schnell mit den politisch Rechten solidarisierte. Granada, Sevilla, Córdoba, stolze, verlorene Städte, vergessen vom Rest der spanischen Welt. Ihr Stolz, längst verraten und verkauft. Große Architektur und Kunst. Große Musik. Große Stille. Heute Smog wie überall, Zerstörung der Umwelt um jeden Preis. Billigtourismus an den Küsten und busseweise die modernen Karren. Esels- und Kaktus-Postkartenromantik. Plantagen und Sierra Nevada. Stierkampf und Machogetue. Rollenspiele ausgehöhlt. Doch findet man überall Spuren aus dem Bürgerkrieg und der Zeit der Mauren und Christen. Die Städte und vor allem Granada, es gibt dort noch Höfe, Winkel und Plätze, Resonanzböden klingender Bilder.
Granada – Paradies für viele verschlossen[3], lautet der Titel eines der frühen Texte Lorcas. Die Stadt der Alhambra, der Cafés und Gassen, der Brunnen und zwei Flüsse. Der Musik. Aber auch die Stätte der Erinnerung an Behausungen der Zigeuner. Sacromonte. Ein Bild wie die Höhlenwohnungen im „Matthäus Evangelium" von Pier Paolo Pasolini, gedreht in der ärmsten Region Italiens, in Matera, der Hauptstadt der Basilicata. Orientalische Welt. Klänge. Hier er-hört Lorca seine Zigeunerromanzen. Albaicín, armes Gra-

nada. Lorca – auch das erinnert an Pasolini –, Sohn wohlhabender Landbesitzer, Bürger –, erlernt die Volkssprache der Kinderlieder, die Sprache der Bauern und Feldarbeiter, die Sprache der Zigeuner. Er selber wird zum Nomaden durch ein Land, seine Geschichte, Bilder und Sprachen.
Die Guardia Civil. Die Hüte und Uniformen. Todesboten einst und Recht und Ordnung heute. Es ist einem immer noch unheimlich bei ihrem Anblick. Dem Reisenden wie den Einheimischen. Sie steht für die Geschichte des grausamen Bürgerkrieges, mit dessen Bildersprache Spanien noch nicht gebrochen hat.
Lorca erzählt von Kobolden, Gespenstern, von Toten und immer, immer wieder vom Mond: „la luna", der weiblich ist, und weniger von „el sol". Was du siehst, kannst du hören, und was du hörst, kannst du sehen. Andalusien bleibt in Lorcas Dichtung ein Bilder- und Klangraum einer eben anderen Welt, die nicht zu beweisen ist. Das Unaussprechliche, das in der Dichtung zur Sprache kommt, in Bildern, Rätseln, in Dialogen, zwischen den Zeilen und im Schweigen der Figuren Lorcas. Lieder, Gitarrenspiel, Kinderreime auch, Volksgut, Aberglauben oder einfach das Hundegebell nachts in einer menschenleeren Gasse Granadas. Das Glockengeläut. Kein Kitsch, eine Zeichensprache. Ein Plädoyer für einen anderen Ausdruck von Schmerz und Leidenschaft. Eine pantheistische Verbundenheit mit einer Welt aus Überresten, die sich hier zusammensetzen. Fuente Vaqueros – Granada – Fuente Grande. Eine Lebens- und Todesroute. Nicht schicksalhaft, sondern entschieden.
Muerte und suerte: Tod und Schicksal reimen sich. Doch keine Todessehnsucht, kein Mystizismus. Einfach eine Präsenz, eine Gegenwärtigkeit von den Zwischenbereichen des Lebens. Zwischen mir und dem

Ort, an dem ich lebe. Mir und der Person, die ich liebe. Mir und mir. Eine bewußte Einsamkeit. Heitere Trauer. Ein Spiel. Muerte und suerte. In Granada, Víznar und Fuente Grande haben sie sich eingeschrieben, wurden sie eingeschrieben in die namenlosen Gräber, in die Mauern, an denen du Handabdrücke der Erschossenen, Kugeleinschüsse findest, aufgeschüttete Hügel für Leichenberge. Letzte Zeugen auch. Letztes Schweigen. Tabuisierungen. Immer noch Tabuisierung des Schicksals Lorcas. Trügerische Stille. Über dem heutigen Andalusien der Städte und Dörfer, gräßlicher Hochhausarchitektur, Industriewucherungen und Verkehrsgewürm, über all dem modernen Lärm dennoch trügerische Stille. Nach Francos Tod ein Aufbruch der Gesellschaft und gleichzeitig die Lähmung durch das konventionell Unsagbare. Das Gefühl des Kontrolliertseins immer noch, und immer noch die Schwere des Sich-nicht-lösen-könnens. Keine Vogelperspektive, kein Souverän. All das siehst du und hörst du gegen jede Leugnung.
Übersetzungen eines Lebens und Werkes, einer Zeit ins Heute. Auf Lorcas Spuren in Andalusien. Was wir finden, erinnert an die Figuren Lorcas. Ihr Gefangensein, ihre Zeichensprache, ihre Unmöglichkeit zu lieben, ihren Tod. Ein Labyrinth. Keine Folklore.
Sol y sombra. Schatten und Stein. Spanische Mauer. Spiel von Sand und Mond. Relikte. Andalusisches Epitaph. Spanischer Nachlaß. Ainadamar – Quelle der Tränen. Madonna. El paseo. Fundstücke. Sandsteinengel. El campo. Feldgottesdienst. Kreuze schlagen. Camisa vieja. Guardia Civil. Schauplatz Fuente Grande. Viva la muerte. Dichter tötet man nicht. Todesurkunde Federico García Lorca. Devotionalien aus Granada. Virgen de la Esperanza. Spanische Hand. Memento andaluz. Patenschaft.

Lorca zeigt die andalusische Welt der kleinen Dinge. Er holt sie in Innenräume und beschreibt eine Art natürlichen Gefangenseins in einer Architektur aus Stadt, Straße, Platz, Haus, Raum, Körper. Die Wände spielen eine große Rolle. Die spanische Wand, hinter der alles schattenhaft da ist, sichtbar, aber nicht zu greifen, so wie du von der anderen Seite zu sehen bist. Seine Liebesgeschichten erinnern an Abélard und Heloise. Sie sind sich nah und unerreichbar. Die spanische Wand, durch die du alles hörst und gehört wirst. Das Kontrollieren und Kontrolliertsein. Ein Labyrinth aus spanischen Wänden. Zurückgezogen nehmen seine Figuren ihre Welt mit in die Innenräume, sie verkleinern sie und sich.
Granada eignet sich zum Traum, zur Träumerei. Rundherum grenzt es an das Unaussprechliche. Und es ist ein großer Unterschied zwischen Träumen und Denken, wiewohl das Zwillingstätigkeiten sind. Granada wird immer mehr plastisch als philosophisch, mehr lyrisch als dramatisch sein. Das innigste Wesen seiner Persönlichkeit verbirgt sich im Inneren seiner Landschaft.[4]
Lorca auf der Suche nach einer verlorenen Realität: der Traum und die Phantasie. Plastisch-philosophisch-lyrisch-dramatisch: sein Programm. Seine Dramen sind in einer betont lyrischen Sprache und häufig mit starkem Pathos geschrieben, und in seiner Lyrik finden wir das Personal seiner großen Dramen wieder. Lorca geht zurück, um vorauszusehen. Aus den Augen eines großen Kindes betrachtet er – bewußt naiv – die Natur und setzt ihre Erscheinungen in Bilder um. Lorca geht den Weg der Regression. Kein Zurück-zur-Natur-Postulat, sondern in einem pantheistischen Haus leben und es formen, formulieren. Da außen sich scheinbar kaum etwas regt, wird das innere Erleben umso intensiver. Lorca beschreibt eine orientalische Welt, deren

melancholische Schönheit durch Ungerechtigkeit, Ausbeutung und Ausgrenzung gestört wird. Sein Werk ist ein Plädoyer für ein anderes Rollenverständnis und eine andere Wahrnehmung. Unter dem blauen südlichen Himmel, in einer noch intakten Natur zeigt er den Kampf des Individuums für seine Freiheit und gegen seine Rollen. Mit Kenntnis und Phantasie nutzt er dabei seinen Fundus, seine Biographie in einem Land mit sehr wechselhafter Geschichte, geprägt durch unterschiedliche Kulturen, mit blutigen Narben und Wunden, mit großer Kunst und großer Ignoranz. Aberglaube und blinde Ergebenheit in etwas, das von denen „Schicksal" genannt wird, die davon profitieren, bestimmen den Lebensweg seiner Figuren. Seine Protagonisten sind Unterdrückte, Figuren aus einer ganz und gar christlichen Ikonographie. Lorca hat über seine Landsleute geklagt, sie beweinten einen Christus, den sie nur als Körper, als Menschen wahrnehmen wollen. Die Seele und ihren Ausdruck in Phantasien, Lüsten und das Anrecht hierauf würden sie übersehen. Er selbst macht beides sichtbar: die Vergewaltigung von einzelnen, ihren Tod, also soziales und politisches Unrecht, aber auch die Realität eines unausgesprochenen Lebens, das kaum eine Chance hat. Der Körper wird zum Passionsort an einem Schauplatz von blutigen Passionsspielen. Ob Mann oder Frau spielt hier keine Rolle. Die aus dem Rollenverständnis ausbrechen, müssen so oder so Gewalt erleiden. Das Unvermeidliche geistert durch diese Dramen und Texte und nimmt in ihnen Gestalt an, manchmal im Sich-Fügen, manchmal im Aufbegehren. Mal im Ausnutzen und in Berechnung, mal in anarchistischer Liebe. Die ungeschriebenen Gesetze kennen sie genau und werden selbst zu ihren Hütern. Sie bewahren dieses Land sich und sich diesem Land auf irrationale Weise. Und also ohne es zu wissen. Das Land, das Haus, die anderen, der Leib. Das Wissen und die Ohnmacht.

Das *Paradies, für viele verschlossen* klingt wie ein Schlüsselwort zu Lorca überhaupt. Die Verschlossenheit der Figuren und Räume, das Ausgeschlossensein hilft ihnen und hindert sie. Dieses *Paradies* ist ein höllischer Schauplatz. Lorca beschwört in den 20er und 30er Jahren eine Welt herauf, die heute beinahe nur noch in der Literatur zu finden ist. Ein Juan Goytisolo steht in dieser Tradition, Untergänge und visionäre Ströme aufzuzeigen. Oder Paul Bowles macht aus Halluzinationen Realität, das Spiel mit ihr. Auch er bricht Rätsel auf, verehrt das gefürchtet Fremde. Geräusche, Licht, Gerüche und die Klänge. Die musikalische Dimension einer Literatur, die aus dem Erzählen entsteht, machen diese Autoren hörbar. So hielt Bowles die Geschichten des Erzählers Mohammed Mrabet fest, um sie schriftlich zu überliefern und uns so in eine uns unbekannte Welt zu locken. Schließlich ein Bruce Chatwin, Nomade par excellence. Reisend vermittelt er seine Wahrnehmung, Kenntnis, Neugier und einen außergewöhnlichen Schönheitssinn in Bildern und Worten. Diese Bücher stehen gegen die Verarmung von Phantasie und für die archaisch anmutende Fähigkeit jedes einzelnen, Poesie direkt zu verstehen. Lorca feiert die Schönheit seiner Welt und ihrer Bewohner, die nicht überleben können. Sie werden zu Ausgeschlossenen.

Lorca, der diese enge Welt Andalusiens und Granadas pries, litt sicher zunehmend an ihr. Am 5. Juli 1898 in Fuente Vaqueros bei Granada geboren, zieht er 1909 mit der Familie in die Stadt. Der Vater Federico García Rodríguez erwirbt später eine Huerta in der fruchtbaren Vega und nennt das Anwesen „Huerta de San Vicente". Der Mutter Vicenta Lorca widmet der Sohn

Zeichnungen, und hier auf dem Lande schreibt er erste Lyrikbände und Theaterstücke. Diese Huerta liegt heute in einem Park und beherbergt ein kleines Lorca-Museum. Die frühere Schönheit des Anwesens inmitten einer Kulturlandschaft ist mit diesem künstlichen Erinnerungsbau nun zerstört. Verschwunden sind auch die Cafés und Stammtische der Intellektuellen und Künstler, die sich täglich in Granada trafen, zusammen tranken, rauchten, redeten und sich austauschten und zumindest im Falle des jungen Lorca zusammenarbeiteten. Die Welt der Pflanzen und Gärten und die Abgeschiedenheit einer Huerta trotz der Nähe zur Stadt spielen in der Sprache Lorcas eine bedeutende Rolle.
Und: *Granada riecht nach Geheimnis, nach etwas, das nicht sein darf und doch ist. Das nicht existiert und doch beeinflußt. Oder etwas, das beeinflußt, gerade weil es nicht existiert.*[5]
Lorca beschreibt die Präsenz jener anderen Erlebnis- und Bilderwelt seiner Literatur, aber auch seines Lebens. Hier zeichnet sich die Sichtweise eines einzelgängerischen Surrealisten ab, der nie ganz zur Gruppe und ihren Manifesten gehören will, der mit Dalí und Buñuel zusammenarbeitet und zugleich einen Traditionalisten wie de Falla schätzt. Und einer, der sein innerstes Gefühlsleben, wenn überhaupt, dann verschlüsselt äußert, sein Geheimnis, das ihn so sehr beeinflussen wird, da es nicht existieren soll. Lorcas Privatleben ist tabu, und er selbst tabuisiert es.
Da der Granadiner ein Mensch von Phantasie ist, ist er natürlich kein Mensch von Tapferkeit.[6]

III.

DALÍ IST DER MANN,
DER MIT GOLDENEM BEIL GEGEN DIE
PHANTASMEN KÄMPFT

Dalí ist der Mann, der mit goldenem Beil gegen die Phantasmen kämpft[7]

Eines Tages standen Dalí und ich ohne einen roten Heller da. Wie an manchen anderen Tagen auch. Wir verwandelten unser Zimmer in der Residenz in eine Wüste. Mit einer Hütte und einem herrlichen Engel (ein Fotostativ, Engelskopf und Flügel aus steifem Kragen). Wir rissen das Fenster auf und baten die Leute um Hilfe, weil wir in der Wüste verloren seien. Zwei Tage rasierten wir uns nicht und verließen das Haus nicht. Halb Madrid zog an unserer Hütte vorbei.[8]

Diese Idylle zeichnet ein treffendes Bild der Beziehung zwischen Lorca und Dalí. Und sie entspricht der Bilderwelt beider Künstler, zu denen sich für kurze Zeit auch Buñuel gesellen wird. Wie in Buñuels „Würgeengel" ist hier das Eingeschlossensein, allerdings ein freiwilliges, beschrieben. Viele Elemente entsprechen Dalís Surrealismus, dem Lorca in den ersten Jahren ihrer Freundschaft zu folgen versucht. Zudem verrät diese Anekdote aus der Zeit beider in der Studenten-Residenz in Madrid Lorcas Wunschwelt: das Zusammenleben mit dem Exzentriker und Exhibitionisten, der keine Scheu hat, sein Anderssein öffentlich zu zeigen oder seine Träume und Phantasien im eigenen Werk zu veröffentlichen.

Lorcas Biographie ist ganz und gar mit Land und Leuten verwurzelt. Anfangs andalusischer Dichter, werden dieses Land, seine Dörfer und Städte mit seinen Bewohnern und politischen Strukturen zu einem Schauplatz. Er löst sich vom Regionalen und erkennt die grundsätzlichen Konflikte, um hierfür zwar in der Tradition begründete, aber neue und im späteren Werk avantgardistische Bilder zu finden, die eben immer weniger mit dem Surrealismus und anderen Strömungen gemein haben. Lorcas Kindheit und Jugend spielt sich auf dem Land ab. Und der kontaktfreudige Junge bewegt sich nicht nur in der großen Verwandtschaft, sondern auch in den Familien der Landarbeiter, Angestellten und Nachbarn. Hier erlernt er wie von selbst deren Sprachen und sammelt Geschichten und Figuren, Grundlagen seiner Theaterarbeit. Sein Vater, ein liberaler Katholik und wohlhabender Grundbesitzer, der sich am Zuckerboom nach dem Verlust Kubas bereichert hat, bleibt für Federico eine Autorität, eine Konflikt-Person, der er es sein Leben lang recht machen will. Der Vater wird ihn solange unterstützen, wie der Dichter erfolgreich ist. Die Mutter, früher Lehrerin, liest viel und zeigt sich begeistert, wenn ihr Sohn erste Puppentheaterstücke aufführt oder die Messe nachspielt. Federico, ein mittelmäßiger Schüler, liebt die Musik und bekommt nebenbei durch die große Musikalität in der Familie eine fundierte Kenntnis in den Musiktraditionen des Landes. Er wird Vorträge über Musik und Musikgeschichte halten und ist ein begabter Pianist. Es existiert sogar eine Schallplatte mit Lorcas Klavierkünsten bei „His Masters Voice". Nach dem Abitur 1915 schließt er prägende Freundschaften mit Linksintellektuellen wie Fernando de los Ríos oder Domínguez Berrueta, der eine Universitätslehrer und Mitglied der Sozialistischen Arbeiterpartei, der andere engagierter Journalist und Kirchenkritiker, sowie mit Dichtern und Künstlern wie dem damals schon berühmten Antonio Machado. Federico schreibt mehr und mehr Gedichte und Prosatexte über Andalusien, die er in seinem ersten Buch *Eindrücke und Landschaften* veröffentlichen wird. In diesen Natur- und Kulturschilderungen, Portraits der Landschaften, Dörfer, Städte und Traditionen, benennt er auch soziale Konflikte.

Die Familie hat einen Wohnsitz in Granada, und Lorca wird hier Mitglied des engagierten Kunstvereins und des Künstlerstammtisches im Café „Alameda" an der Plaza del Campillo. Wohlhabende Schöngeister, Kulturpolitiker, Maler, Bildhauer, Dichter, Journalisten, junge Leute, Studenten, Dozenten, Dandies, Frauenschwärme und Homosexuelle treffen sich jeden Abend bis in den Morgen hinein im Café und streiten über Kunst und Politik. Lorcas Blick auf das eigene Land und die eigene Geschichte schärft sich, und er bezieht Position gegen Kirche, Militarismus und ausgeprägten Patriotismus. So grenzen sich seine frühen Gedichte und Texte immer stärker gegen Folklorekitsch ab. Natürlich kennt er die musikalische Folklore als Volksmusiktradition und wird hieraus Kapital für seine Theaterarbeit und Lyrik ziehen. Seine Gedichte zeigen schon dunkle Bilder und haben einen dunklen Klang, jenseits jeder falschen Romantisierung des andalusischen Landlebens. Zwischen Liebesverlangen und Sünde, Ängsten vor dem Versagen oder Abgelehntwerden weist Lorcas Frühwerk Kenntnis der Bildersprache, auch der erotischen, des antiken Griechenlands auf. Hier wird Dionysos erwartet und zugleich gefürchtet.

Lorcas vom Vater finanzierte erste Publikation bleibt ein mäßiger lokaler Erfolg, und die Familie drängt ihn über Jahre, doch ein Studium zu beenden. 1919 ermöglicht sie ihm einen Aufenthalt in der Residencia de Estudiantes in Madrid, der ganz entscheidend für Lorcas dichterischen und privaten Lebensweg werden soll. An dem berühmten Institut widmet sich bereits Buñuel seinen naturwissenschaftlichen Studien und macht sich als fanatischer Sportler und Box-Fan einen Machonamen. Lorcas Kontakt zum Komponisten Manuel de Falla intensiviert sich, der Maestro wird ein

Lehrmeister für den musikalisch hoch begabten Dichter. Zudem erweitert de Fallas Beschäftigung mit der Geschichte der Zigeuner, die immer wieder in seinen Musikstücken Protagonisten sind, die literarische Welt Federicos, der die eigenen jüdischen und eben auch Zigeuner-Linien in der Familie kennt, und die andalusischen Zigeuner werden ihn später ihre Musik und den Flamenco lehren. Diskussionen mit de Falla stoßen den jungen Autor auf die Dimension der Erinnerung, der Zeit. De Falla erweist sich als Proust-Kenner, und Lorca liest mehr und mehr den Kanon der Weltliteratur und erweitert so seinen spanischen Horizont. Das Studium an sich vernachlässigt er und schreibt Gedichte, entdeckt den cante jondo, organisiert mit de Falla ein Cante-jondo-Festival und entwickelt in dieser Welt der Musikdichtung und der theatralischen Schönheit ihrer Interpreten ein verstärktes Interesse an der Dramatik. 1923 besteht Lorca nach unendlichen Konflikten mit der Familie endlich sein Juraexamen, das auf einer Art Universalstudium basiert. Im Gegensatz zu seinem geliebten Bruder Francisco blieb Federico ein mäßiger Schüler und Student.

Wenn man die Biographie des so jungen und jung gestorbenen Autors im Zeitraffer betrachtet, darf man dabei nie Zeit und Ort des Geschehens vergessen. Anfang des 20. Jahrhunderts war Andalusien weit entfernt von einem fortschrittlichen Europa, und selbst Madrid war nicht zu vergleichen mit Städten wie Paris, London oder Berlin. Die Rollenverteilung der spanischen Frauen und Männer war altmodisch, bestenfalls traditionell. Dementsprechend groß waren Vorurteile gegen alle, die aus der Rolle fielen.

Erst die Begegnung und Freundschaft mit Salvador Dalí und die Liebe zu ihm sprengen Lorcas eigenes Rollenverständnis bis zu einem gewissen Grad. Auch seine Bildersprache wird reicher und freier und ist nicht mehr ausschließlich an eine andalusische Realität gebunden.

Bis 1928 vertiefen beide ihre Freundschaft und arbeiten auch zusammen. Lorca schreibt über den Maler, und in Dalís Bildern taucht der Dichterfreund auf. Erst als Dalí mit Buñuel an „Der andalusische Hund", in dem Lorca sich selbst verhöhnt sah, arbeitet, trennen sich ihre Wege für einige Jahre. Dalí lernt Gala kennen, Buñuel äußert sich homophob gegen Schwule und gegen den andalusischen Freund. Das Band aber zwischen Salvador und Federico bleibt. Sie schreiben sich, und Lorca versäumt auch während seiner Karriere im In- und Ausland nie, auf den großartigen, umstrittenen Maler zu verweisen. Zudem entwickelt er ein eigenes Talent als Zeichner, macht Ausstellungen und veröffentlich sein bildnerisches Werk in Katalogen und Zeitschriften. Größtes Zeugnis der professionellen, aber auch privaten Verehrung Dalís ist Lorcas Ode an ihn.

„Unser Haus atmet schon den Geist Deiner Freundschaft; auf der weiß gekalkten Wand blüht dieses Jahr die Göttliche Hirtin von Cadaquez; jeden Morgen erfreut mich dieser andalusische ‚Rousseau' und erinnert mich an unsere Zimmer und unsere Pappeln in der Residencia de Estudiantes..." (1925)[9]

Lorca ist oft zu Gast bei den Dalís in Cadaquez. Und ist der Dichter bei seiner Familie oder auf Reisen, schickt Dalí ihm Briefe, Postkarten und Photos mit Grüßen, Widmungen und Anspielungen, die auf einen besonderen, geheimen Sprachcode zwischen den Freunden schließen lassen. Worte wie:

„Du, der einzige interessante Mann, den ich kenne... Für Federico García Lorca mit der ganzen Zärtlichkeit seines Söhnchens..." (1925)[10]

„Dalí Salvador, einigermaßen talentierter Maler und (Intim-)Freund eines großen und SEHR HÜBSCHEN DICHTERS..." (1926)[11]
„...für Federico García Lorca, der um das Geheimnis weiß..." (1927)[12]
lassen die Intimität, aber auch das Spielerische zwischen beiden erkennen. Jahre später schickt Lorca ein Photo beider an seinen Freund: *Wir sind Zwillingsgeister. Zum Beweis: Wir haben uns sieben Jahre nicht gesehen und haben in allem so übereingestimmt, als ob wir uns jeden Tag gesprochen hätten. Genial, genial – Salvador Dalí.* (1935)[13] Lorca wünscht sich neben der Freundschaft, der ersehnten Liebe, eine kongeniale Zusammenarbeit, die sich in diesen jungen Jahren anzubahnen scheint. Doch Dalí wird sich mehr und mehr von ihm distanzieren: Er wendet sich verstärkt dem Surrealismus zu und lehnt jeden spanischen oder gar andalusischen Realismus, jede Erklärbarkeit aus Geschichte, Biographie und Politik ab. Er studiert Freud und verschreibt sich psychologischer Traum-Malerei, die Lorca zu schätzen weiß; aber in Briefen und Diskussionen, durchaus manchmal auch öffentlich, streiten beide um ihren jeweils eigenen Weg.

Vielleicht läßt sich der Unterschied zwischen den Werken beider so formulieren: Ist in den Zeilen Lorcas die Präsenz einer versunken geglaubten, einer verschwiegenen und verbotenen Welt zu spüren, ja, thematisiert, bleibt sie doch rätselhaft. Lorca spielt ernst und humorvoll mit dem Unausgesprochenen. Die verbotene Welt, sei es aus gesellschaftlichen, politischen, religiösen Gründen, bleibt ihm Fundus zwischen den Zeilen oder hinter den Bildern. Der auch psychische Druck auf den einzelnen, ob Mann oder Frau, und zunächst gleichgültig, ob privater oder gesellschaftlicher Art, ist Lorcas Feind, gegen den er im Laufe seiner schriftstellerischen Entwicklungen – wie Don Quichote mit den Windmühlen – seine Figuren kämpfen läßt. Eine poetische Anarchie. Dalí formuliert seine Tabus. Er malt sie aus. Sie erscheinen rätselhaft und sind in seinen besten Bildern wirklich neue Bilder, aber er selbst will sie entschlüsselt wissen. Der so ganz andere Freund Salvador ist in Federicos Augen *der Mann, der mit goldenem Beil gegen die Phantasmen kämpft*, bis dieser Kampf mit dem wachsenden Einfluß Galas später zum kommerziellen Scheingefecht wird. Dalí gibt seine Selbstinszenierung auf und überläßt seiner Frau die Regie.

Bis ins hohe Alter zeigt sich der Maler als inszenierter Salon-Katalane. Meister und Scharlatan, Komiker und Narr Francos und dann Narr seiner Vermarkter. Der Salonlöwe Dalí erinnert sich an den ermordeten Freund und veröffentlich kurz vor dem eigenen Tod sein großes Liebes-Geständnis. Dalí, der Frauen-Hasser, der Impotente, der Angsthase, dessen Gala ihn vor dem Weiblichen beschützte, sie, die wandelnde Inszenierung der für ihn Unberührbaren, war nicht seine große Liebe. Der Analfetischist verkam zur Karikatur des eigenen Machismo wie seine Kunst zum Kaufhaus-Poster. In seinem letzten Interview mit Lorcas Biographen Ian Gibson gesteht der 81jährige, was er in seiner Autobiographie „Das geheime Leben des Salvador Dalí" geleugnet hatte, er habe Lorca geliebt.

Lorca und Dalí korrespondieren 1926 über die Figur des Heiligen Sebastian.

„Ist Dir nicht auch der Gedanke gekommen, daß der Hintern des heiligen Sebastian unverletzt war?"[14] und „Wie du siehst, ‚lade' ich Dich zu einem neuartigen heiligen Sebstian ‚ein', bei dem der Pfeil durch eine Seezunge ersetzt ist. Nach dem Prinzip der Eleganz mußte der heilige Sebastian genußvoll mit dem Tode ringen. Mein Sebastian richtet sich gegen das Elegante, er gesundet als Feigling..."[15] Schließlich: „Mein heiliger Sebastian erinnert mich sehr an Dich, manchmal scheint es mir, daß Du es bist..."[16], schreibt Salvador Dalí an Federico García Lorca.

Die Korrespondenz beider wird immer verspielter, aber auch kritisch fordernder; so verbietet sich Dalí jeden Realismus bei der Gestaltung des Bühnenbildes zu Lorcas *Mariana Pineda* und wünscht sich mehr Ironie und Nacktheit in den Texten des Freundes. Poussin, Braques, Cocteau, Vermeer van Delft, Leonor Fini, Mantegna, Tintoretto, der Jazz. Dalís Briefe an Lorca zeugen von einer enormen Aufnahme des Malers von Kunstgeschichte, aber auch dem Werk zeitgenössischer Kollegen in Malerei, Literatur, Musik und Film. Mal klingen seine Briefe regressiv wie die Lorcas an ihn, wenn beide von den verlorenen Naturidyllen ihrer Jugend schwärmen oder sich erinnern an Orte, Felder oder Räume, an denen sie unbeschwerte und angeregte Stunden verbracht haben, scheinbar ohne den Ballast der wachsenden privaten Forderungen Federicos an Salvador. Mal geht Dalí auf Lorcas Wunschwelt ein: „Hallo mein Herr! Du mußt reich sein, wenn ich bei Dir wäre, würde ich Strichjunge spielen, damit Du ganz gerührt bist und um Dir Scheinchen zu stehlen, die ich (diesmal) in Eselurin einweichen werde... Adiós, mein Herr, mit Handkuß verabschiedet sich von Dir Dein Verwester Esel..."[17] oder er führt seinen Freund ganz en passant in seine Bildersprache ein: „Die Zeiger einer Uhr ... gewinnen in dem Moment einen realen Wert, wo sie aufhören, die Stunden anzuzeigen, und – indem sie ihren kreisenden Rhythmus und ihre willkürliche Aufgabe, die unsere Intelligenz ihnen zuwies ... verlieren – aus dieser Uhr ausbrechen

... du redest von einem Reiter, und dieser sitzt Deiner Meinung nach auf einem Pferd, und das Pferd galoppiert; das ist eine starke Behauptung, denn in Wirklichkeit wäre es angebracht, herauszufinden, ob es wirklich der Reiter ist, der oben sitzt, ob die Zügel nicht eine organische Fortsetzung der Hände sind, ob sich nicht herausstellt, daß in Wirklichkeit die Haare an den Hoden des Reiters schneller sind als das Pferd, und ob das Pferd nicht eigentlich etwas Unbewegliches ist, das mit kräftigen Wurzeln am Erdboden haftet..."[18]
Über Körper, Fauna und Flora, über die Dimensionen und Vermischungen von Zeitebenen, über den Tod und Liebessymbole korrespondieren Dalí und Lorca, bis der Maler sich von dem Dichter trennen wird, um 1986 zu erklären: „...zeichnet sich eine Tendenz ab, meine Beziehung zu Lorca, zu der sich der Dichter selbst bekannte, zu unterschätzen, als sei sie ein zuckersüßer Kitschroman, während sie in Wirklichkeit genau das Gegenteil war. Es war eine erotische und tragische Liebe, tragisch, weil sie nicht geteilt werden konnte."[19]
Um diese „Wirklichkeit" geht es beiden Künstlern in ihrem Leben und Werk.
Über Buñuels Homophobie gibt es verschiedene Spekulationen. Er war selbst in Kindheit und Jugend so verklemmt und unterdrückt, daß er als Erwachsener und großer Film-Künstler keine Souveränität im Umgang mit diesem Tabu gewann. In „Der andalusische Hund" zeigt er Sex als dem Tode verwandt und zudem aus einer moralistischen Perspektive. Dem zu bekämpfenden Begriff der „Sünde", unter dem er selber so sehr gelitten hatte, unterliegt der Regisseur. Ein Mann streichelt die Brüste einer Frau, deren Gesicht sich in einen Totenkopf verwandelt. In diesem Bild kommen Buñuels und Dalís Ängste zusammen.

In den Anfängen der Freundschaft zwischen Lorca und dem Aragonier beschreibt Buñuel auch, wie sehr der Dichter ihn in die Welt der Literatur eingeführt hat und daß er ihm eine poetische Sprache zu verdanken habe. In „Simon in der Wüste" wird er die Geschichte von Sankt Symeon verarbeiten, einer der Figuren aus der Legenda Aurea, die Lorca ihm zu lesen gegeben hatte.
Buñuel zeigt den Freunden die Arbeiten von Man Ray und interessiert sich besonders für Artaud. Seine Bild-Poetologie entspricht sicher eher der des frühen Dalí: „Es heißt, daß sich das Gehirn während des Schlafes gegen die Außenwelt schützt, daß es dann viel weniger empfindlich ist gegen Geräusche, Gerüche, Licht. Dagegen scheint es von innen her geradezu von einem Traumgewitter bombardiert zu werden, das wellenweise niedergeht. Milliarden und Abermilliarden von Bildern tauchen so jede Nacht auf und zerstreuen sich fast sofort wieder. Sie umgeben die Erde mit einem Mantel von verlorenen Träumen. Alles, absolut alles ist in irgendeiner Nacht von dem einen oder anderen Hirn imaginiert und wieder vergessen worden."[20]
Buñuels frühe Kapitalismuskritik erinnert an die späte Pasolinis. Der eine formuliert sie aus einer Art naiven Wut heraus, der andere macht aus ihr einen großen Roman. Buñuel schreibt: „In der letzten Zeit, seit etwa zehn Jahren, habe ich mir auch vorgestellt, wie ich die Welt vom Öl befreie, der anderen Quelle des Unglücks... Eine Welt ohne Öl erschien mir immer... als ein mögliches Paradies nach dem Vorbild meiner mittelalterlichen Utopie."[21]
„Die Welt" hatte Lorca nie im Blick. Auch wenn er später in die USA, nach Argentinien und Kuba reisen wird, die poetologische Perspektive bleibt, wie er in seinem ersten Buch schreibt, die Welt des Diminutives,

Granada und Andalusien. Er betrachtet die Welt aus der Perspektive der Enge, der Geschichte und der hier lebenden Menschen heraus, und selbst auf weiten Reisen und in wirklichen künstlerischen Befreiungen, etwa in New York und Kuba, verliert Lorca den einzelnen, seine Biographie, sein Unterdrücktsein, die Geschichte seines Ortes nie aus den Augen. Er ist kein Überflieger, und Debatten im gefälligen Ton einer political correctness liegen ihm fern. Er spricht über Musik und Malerei, über Dichtung und Stierkampf, über Tanz und Theater als einer Kunstform, die dem Menschen verpflichtet ist und damit sowieso politisch wirkt.

Lorcas Tod soll Dalí mit einem „Olé" kommentiert haben, während Buñuel die politischen Umstände der Ermordung berücksichtigend sagt: „In Wahrheit starb Federico, weil er ein Dichter war."[22] Ein letztes großes Kompliment des Lorca gegenüber oft so ausfälligen Luis Buñuel.

Natürlich kannte Dalí das Surrealistische Manifest von 1924. Doch geht er seinen ganz eigenen Weg, und die Kunstgeschichte schreibt ihm als Hauptphase großen Schaffens die Dekade von 1929 bis 1939 zu. Dalí studiert die Psychoanalyse und entwickelt einen individualistischen Blick auf den Einzelnen als eine völlig eigene Welt. Dalí, 1904 in Figueras bei Gerona geboren, behauptet stets, sich an ein Vorleben im Mutterleib zu erinnern. In diesem von ihm als „Paradies" bezeichneten Leben will er erste Halluzinationen erfahren haben. Als Kind verspürt er „delirische Freude" daran, seine jüngere Schwester zu quälen, und macht eigene Schmerz-Experimente. Dann will er wie beim automatischen Schreiben das Unbewußte direkt auf Papier bringen. Er experimentiert mit Früchten als Materialien. Nietzsche, Voltaire, Kant und Spinoza werden seine Lieblingsautoren, sich selbst vergleicht er mit Napoleon. De Chirico, Max Ernst und René Magritte beeinflussen seine Collage-Technik. Er entdeckt den Kubismus von Juan Gris und wird später als einer der ersten Picassos Größe würdigen. Das intelligente sinnlich Zerstörerische fesselt ihn. Akademien sind ihm ein Greuel. Er sorgt mit seinem Auftreten häufig für Aufsehen und provoziert Skandale, die zu seinem Konzept gehören.

Das individuelle Erleben ist Basis der Kunst Lorcas und Dalís. So wie der Schriftsteller nicht die Traditionswelt der Araber, Zigeuner oder später der Schwarzen nachdichtet und Dalí nicht die Psychopathologie eines Freud schulisch in Bilder umsetzt, erleben beide diese Konflikte selbst. Es geht auch nicht darum, etwas zu verschlüsseln. Was rätselhaft erscheint, ist die Gegenwart einer anderen Realität. Beide wollen nicht symbolistisch sein. Alles andere als naiv oder automatisch, sind Lorcas eigene Zeichnungen wie seine Ode an Dalí riskante Übergänge zwischen Bild und Sprache.

„Erleuchtete Lüste", „Die Anpassung der Begierde", „Das Rätsel der Begierde", „Kannibalische Sehnsucht" sind Bildtitel Dalís aus den Jahren 1929 und 1932. Das Verlangen, die Sehnsucht nach Liebe, die Begierde und Lust, das Irrationale und die Angst davor sind seine großen Themen. Mit Buñuel dreht er nach „Der andalusische Hund" (1929) ein Jahr später „Das goldene Zeitalter". Blasphemische Szenen sollen mit Fanatismus vorgetragen werden und: die Zeit, bleibendes Motiv in Dalís Werk, wird bildnerisch umgesetzt: „Die Beständigkeit der Erinnerung" mit den von südlicher Wärme weich gewordenen Uhren. Zeit und Licht und Schatten als ihre natürlichen wandernden Zeichen, sowie erotische Elemente dürften Lorca in dieser frühen Schaffensphase für die Kunst des Freun-

des eingenommen haben, sicher auch der anfangs größere Mut Dalís, zu dem Lorca dann in seinem Gedichtband über New York, in bestimmten Zeichnungen und vor allem in dem Theaterstück *Das Publikum* und einigen Dramen-Fragmenten finden wird.
Dalís Psychologie-Studien, die Erforschung des Hirns, der Nerven und Träume verhelfen ihm zu einer elaborierteren und dann auch intellektuelleren Zeichensprache als die der „reinen" Surrealisten um Breton, da Dalí – trotz aller Experimente – sich mehr und mehr Gedanken um die eigene Ästhetik macht. Seine Vorstellungswelt aus dem Unbewußten, den Träumen und Ängsten will er bewußt ausarbeiten. Exkremente, Blut und die Metamorphosen zum Tod hin sind Ausdruck des Lebens. Die Erotik hat auf seinen Bildern nie die Schönheit der Gestalt des Todes. Dalí und vor allem Lorca schätzten Hieronymus Boschs „Garten der Lüste" sehr, wie auch die morbiden Texte von Lautréamont.
„Singen heißt mich das Herz von Gestalten, verwandelt in neue Leiber". Ovids „Metamorphosen" lassen sich auch in Boschs Bild lesen: Der linke Teil müßte eigentlich Lorca besonders fasziniert haben, liegt doch in Boschs Paradies, in der Stille einer vermeintlichen Idylle, das vergangene und künftige Grauen und Elend. Dalí entsprechen eher die beiden anderen Teile des Triptychons, da dort die Folgen der Lebensträume sichtbar sind. Für Bosch gilt wie für Dalí: Eine Erklärung des Bildes entsteht erst danach, der Maler ist sich beim Malen, trotz allen Wissens, aller Technik und Ästhetik, der Themen und sich wiederholenden Motive, nicht über die Bedeutung jeden Elementes bewußt.
Lenin, Voltaire oder Wilhelm Tell, Salvador Dalí benutzt historisch-politische Personen als Figuren seiner literarischen Traum-Dramen. Und er beschreibt die

Deformationen in seiner Zeit. Zu seinem Bild „Weiche Konstruktion mit gekochten Bohnen: Vorahnung des Bürgerkrieges" notiert er: „Ich zeigte einen gewaltigen menschlichen Körper, der in monströse Auswüchse von Armen und Beinen aufbricht, die in einem Delirium von Selbststrangulation aneinander reißen. Als Hintergrund dieser Architektur wahnsinnigen, von einer narzißtischen und biologischen Katastrophe verzehrten Fleisches malte ich eine geologische Landschaft, die Tausende von Jahren lang ganz unnütz revolutioniert in ihrer ‚normalen Ordnung' eingefroren war. Die weiche Struktur der riesigen Masse Fleisch im Brügerkrieg schmückte ich mit einigen gekochten Bohnen, denn man kann sich nicht vorstellen, so viel unbewußtes Fleisch zu verschlucken ohne die (nichtsdestoweniger uninspirierende) Anwesenheit von etwas mehligem und melancholischem Gemüse."[23]

Als Dalí auf die Vermittlung Stefan Zweigs hin in London Sigmund Freud treffen kann, soll Freud ihm gesagt haben: „In klassischen Gemälden suche ich nach dem Unbewußten, in surrealistischen nach dem Bewußten."[24] Was ist Phantasie? Lorcas und Dalís Werk stehen beide, so unterschiedlich sie sind, für ein hohes Maß an poetischer Phantasie, und beiden war die Phantasielosigkeit ein Greuel. Dalís Haß gegen falschen Realismus drückte er in den Maschinen auf seinen Bildern aus, und in Lorcas späteren Dramen fordern Zuschauer Revolution im Theater, ein Aufbrechen zu mehr Phantasie, nicht nur auf der Bühne, sondern auch im Publikum.

Humor, Ironie, Karikatur und das Spielerische spielen in ihrem Werk eine große Rolle. Lorca war ein glänzender Alleinunterhalter und Intrepret, der die Schauspieler anwies, gerade die komischen Rollen mit besonderem Ernst zu spielen. Buster Keaton hat er ein kurzes

Stück gewidmet. Dalís Selbstdarstellung war durchaus von Anfang an komisch, und Lorca sublimierte die eigenen Probleme, seine Wünsche schwer ausleben zu können, in der Besessenheit, Figuren, eben auch komischen Figuren, ein poetisches Leben zu geben. Das spanische Rollenverständnis von Mann und Frau hat Lorca zwischen Tragödie und Farce sein Leben lang spielerisch beschrieben. Und schließlich war der Stierkampf den Freunden vom Künstler-Stammtisch des Café „Alameda" Ausdruck tödlichen Spiels. Das Leben als ein komisch-ernster Übergang: Fäulnis und Kadaver sind Begriffe, die Dalí in seinen Briefen an Lorca häufig benutzt, und Lorca selbst spielt dem Freund den eigenen Tod vor. Das Über-Spielen von Ängsten. Während Galas früherer Ehemann Paul Eluard mit André Breton in Antibes Karten spielt, Dalí mit Gala durch die Welt reist, verliert Lorca das Spielerische im Leben mehr und mehr und benutzt es verstärkt dramaturgisch in seinen Texten und für seine Figuren.

Als sein Studententheater „La Barraca" durch Subventionskürzungen praktisch verboten wird, wird aus dem Theater-Spiel politischer Ernst. Lorca verbindet, was die Surrealisten spielerisch collagieren, auf der Bühne: Wissen und Dinge. Seine Figuren sind von den Räumen bestimmt und wissen darum. Ihr Verlassen dieses körperlichen und auch geistigen Prinzips, das Durchbrechen der Spanischen Wand, das so leicht zu sein scheint und so schwer ist, endet meist tödlich. In der Sprache allein gelingt ihnen eine Befreiung. Sie formulieren, was sie nicht dürfen, und ihre Art Anarchie findet in der Lorca so eigenen poetischen Sprache im Monolog oder Dialog Ausdruck. Hier siegen sie.

Für Salvador Dalí und Federico García Lorca gilt, was André Breton über Zufall, Spiel und Elend geschrieben hat. Zwei Menschen, die genau dieselbe Wegstrecke zurücklegen, würden nie dieselben Steine auflesen. Bretons Text „Sprache der Steine" erklärt somit auch, warum Künstler wie Dalí und Lorca letztlich untauglich für die Einbeutung in künstlerische Gruppierungen bleiben.

IV.

NUR DAS GEHEIMNIS LÄSST UNS LEBEN

Nur das Geheimnis lässt uns leben

Die Maske fällt, Vogel und Hund, Der Engel, Das Auge, Auge und Federkelche, Bandit, Abgeschlagene Hände, Gesicht mit Pfeilen, Gedicht in Herzform, Park, Leier, Nostalgie, Seemann, Neue Liebe, Der Dornengekrönte, Tod, San Sebastian, Venezianischer Harlekin, Enthauptung, Straße des Todes, Lied, Der Wassertropfen, Weinender Bajazzo, Junge, Page, Sankt Georg und der Drache, Salvador Dalí, Einsiedler Heiliger, Zirkus, Mann oder *Nur das Geheimnis läßt uns leben*: so lauten die Titel einiger Zeichnungen von Federico García Lorca. Lorca hat in seinen Zeichnungen wie in seinen besten Gedichten und Theatertexten eine eigene Wirklichkeit geschaffen. *Kind, Engel*, die Zeichnungen haben zum großen Teil etwas bewußt Naives eines Gläubigen, kritisch zu Kirche und Staat und voller Sehnsucht nach Menschlichkeit und Tieren und Dingen, einer Welt, die trotz Schrecknis und Opfern Mitleid hat. Demaskierte ein Goya in seinen Gemälden die höfische Gesellschaft, zeichnet Lorca seiner Zeit Masken zu. Masken, die unsichtbar sind, Masken, die sich vom Körper lösen, verselbständigen, Masken, die nackter sind als das, was dahinter verborgen scheint. Biographisch liegt Lorcas Liebe zum Maskenhaften zunächst sicher in seiner Homosexualität begründet. Das Sich-verstecken-müssen oder -wollen in einer völlig machohaften Gesellschaft, Lorca konnte sich schwer von diesen Ängsten und Komplexen befreien, obwohl er sich früh mit offen schwul lebenden Künstlern befreundete. Doch ist sein Augenmerk sowieso (oder auch deshalb) auf die Ausgegrenzten gerichtet. Sein Interesse gilt denen, die sich nicht ausleben können, die keine Chance bekommen, unabhängig von der Zugehörigkeit zu einer sozialen Klasse, in einer Gesellschaft, die die Klassen noch

deutlich trennt. Ob Dienstmädchen oder höhere Tochter, ob Schwarz, Weiß, Jude oder Zigeuner, ob Linksintellektueller oder avantgardistischer Künstler, Lorca geht es um das Individuum und seine Welt, seinen Reichtum an geheimen Wünschen. Das Wesentliche, die nackte Existenz und ihre Fragen regen ihn zu Texten und literarischen Zeichnungen an. *Die Maske fällt* und *Nur das Geheimnis läßt uns leben* ist die Spannbreite von Lorcas Welt. Was auf den ersten Blick widersprüchlich zu sein scheint, braucht sich und ist nicht nur Ausdruck privater Problematik, sondern im Gegenteil poetologisch-reiches Programm. Diese Zeichnungen und Gedichte erzählen ihre Träume, wie Lorca selbst meint. Das Werk will im Betrachter und Leser lebendig werden, der Künstler sieht den Rezipienten vor sich als Teil seines schöpferischen Vorganges. Viele Elemente in diesen Zeichnungen finden wir in Lorcas Gedichten wieder und umgekehrt. Er zeichnet seine Metaphern.
Das Individuum behält bei Lorca seinen Urwillen zur Freiheit und lebt nun mit den Widerständen gegen diese Freiheit in sich selbst oder in der Gesellschaft, in die er hineingeboren ist. Dalí, in gewisser Weise Gegenfigur seiner selbst, löst sich scheinbar einfacher und leichter aus der Enge seines „Hauses". Nicht umsonst spielt das Haus vor allem in Lorcas Dramen eine so entscheidende Rolle. Lorca war natürlich nicht nur der stets in der Öffentlichkeit glänzende Künstler und Interpret. Seine tiefgehende Melancholie als Lebensgefühl bestimmt den Ton seines Werkes, und er selbst war Aussagen zufolge ein auch ängstlicher und schweigsamer Introvertierter. *Die Maske fällt* und *Nur das Geheimnis läßt uns leben. Der Dichter in New York* und *Sonette der dunklen Liebe* sind in Kraft und Ton gegensätzliche Gedichtbände zwischen Wut und Trauer, Exzeß und Inversion eines gegen sich und die

ihn einengende Gesellschaft rebellischen Menschen. Das Flucht-Motiv, Flucht vor dem Unrecht und vor sich selbst, ist in Lorcas Werk oft treibende Kraft. Seine Figuren, eingefaßt in einen festen Zeitrahmen, erinnern sich ihrer Herkunft und Rolle, sie haben sich zu weit von sich entfernt, und ihre Flucht führt sie zu sich selbst zurück. Dazu gehört viel Mut. Das Neue ist also das ganz in sich Verborgene. Und der Dichter, immer auf der Jagd, fängt vor allem nächtliche Wesen ein und sammelt hier und jetzt das Wesentliche seiner Bild-Welt. Der Seele auf den Grund gehen, dem Unfaßbaren eine Form geben, durch Rätsel erklären wollen, hierin liegt Lorcas künstlerisches Selbstverständnis. Suggerieren und somit andere entdecken lassen. Das Unaussprechliche, die Insuffizienz von Sprache, etwas ausdrücken zu wollen, was unsagbar scheint, wie die Liebe oder der Tod. *Das Licht des Dichters ist der Widerspruch*[25], sagt Lorca selbst.

Das Grausame, die Lust und Sinnlichkeit, das Mystische, hier kreuzen sich die Welten Dalís und Lorcas, wie auch mit denen Zurbarans oder Goyas. Lorca wandelt sie in Dichtung, Musik und Bild um. Seine *Ode an Salvador Dalí* vereinigt im Wort die eigene Zeichnung *Venezianischer Harlekin* mit Dalís Bild „Der Honig ist süßer als das Blut".

Eine Rose in dem hohen Garten, den du liebst.
Ein Rad in der von Makeln reinen Syntax harten
                                                    Stahls.
Der Berg, vom „Impressionisten-Nebel" ganz befreit.
Auf seine letzten Balustraden äugt der Wind.
(...)
Du siehst Klepsydra nicht mit feingefügten Schwingen,
nicht jene Wacht der Allegorien.
Du kleidest, ja entblößt den Pinsel in der Luft,
den Blick aufs Meer der Barken, der Matrosen Heim.[26]

Soweit die erste und letzte Strophe der Ode. In 28 Strophen entfaltet Lorca einen Bilderbogen mythisch-erzählerischer, programmatischer und philosophischer Art. Dahinter steht seine große Bewunderung und Liebe zu dem Unerreichten, Unerreichbaren. Orte der Erinnerungen, das Meer, die Strände, Cadaquez, Wege, die beide gegangen sind, tauchen auf und Lorcas Metaphern wie *Mond*, die südliche Fauna, nächtliche Stimmungen, *Schmetterlinge*, *Waldgott*, Wesen zwischen Himmel und Erde, aber auch erotische Metaphern wie die *Rose* (für heterosexuelle Liebe), *Fisch* (für das männliche Geschlecht), die *Matrosen* (für ein mögliches homosexuelles Leben oder einfach ein Sich-Ausleben). Der Dichter-Freund schreibt dem Maler ein literarisches Denkmal. Er grenzt ihn, den Glücklichen, von den Zeitströmungen und Kollegen ab, verleiht ihm Flügel und Macht, einem Gott gleich soll sein Bitten erhört und ihm nur Bestes zuteil werden und, als Kenner der Bildwelt Dalís, preist er deren Elemente: *Vor allem aber sing ich den Gedanken, / der uns in dunklen, goldnen Stunden eint. / Die Kunst ist's nicht, die uns die Augen blendet: / Die Liebe ist's, die Freundschaft, Kampfeskunst*. Auch wenn beide den künstlerischen Weg des anderen kritisch begleiten werden, die Liebe und eine Art Kampf für sie und die so sehr andere Kunst beider soll sie bei allen Gegensätzlichkeiten einen. Es folgen Dalís Frauen, die er nicht besitzen kann, und *die Schreibmaschinenspur aus Blut liegt auf dem Gold*, Lorcas Ode will – wohlwissend, daß Dalí einen anderen Weg ohne ihn gehen und leben wird – sich in *Kataloniens ewig reines Herz* einschreiben. Auf immer und ewig.

Auf die *Zigeunerromanzen* reagiert Dalí mit einem langen Brief: „... Federico, in Deinem Buch, das ich mir aus jenen gläsernen Orten mitgebracht habe, um es hier zu lesen, habe ich Dich gesehen, die Verkleidung, die Du bist, die erotische Verkleidung mit Deinem Sex (...) und Deiner Angst vor dem Tod (...) Ich liebe Dich, weil das, was Dein Buch offenbart, Du bist, der ganz das Gegenteil von der Wirklichkeit ist, die die Verstaubten von Dir gezeichnet haben; ein kleiner Zigeuner mit schwarzem Haar, mit einem kindlichen Herzen etc. etc., all das ein nestorianischer, dekorativ entwirklichter Lorca, inexistent, nur möglich, um geschaffen zu sein für diese schweinischen Artisten, weit entfernt von den Fischchen und den Bärchen und den blonden, harten und liquiden Silhouetten, die uns umgeben..."[27] Dalí sublimiert in diesem Brief Lorcas Werk, wie Lorca in seiner Ode über die Arbeit des Malers schreibt und ebenso sublimiert. „Die Verkleidung, die Du bist", diese Formulierung trifft wohl auf beide zu.

Die Sehnsucht nach Wundern, einer imaginären Welt voller dunkel-schöner Weggefährten, der Versuch, sich in der Arbeit vollkommen auszudrücken, erfüllen Lorcas Leben und auch das seiner Figuren. Ihre historische Situation, die dagegen steht, zieht den Rahmen um diese innere Unendlichkeit. Der Invasion Lorcas steht die programmatische Evasion der Surrealisten um Breton gegenüber, Dalí bewegt sich dazwischen. Sein Lorca gewidmeter Essay über den Heiligen Sebastian liest sich wie sein individuelles Konzept. Die Kapitelüberschriften spannen einen Bogen von der „Ironie" bis zum „Moder". Dalís Sebastian ist eine Vereinigungsfigur seiner selbst in seinem Dichter-Freund. Im Sebastian verstecken sich beide. Er ist ihnen Verkleidung, Maske und Projektionsfläche. Und er ist er selbst. Seine Liebe, sein Ausdruck, sein Geheimnis, sein Schmerz führen Dalí in die „Arena", zum Kampf. Nicht das Androgyne, der Körper des männlichen

Märtyrers läßt beide sich hier treffen. Er inspiriert Lorca zu seinen Kalligraphien und Dalí zum Versuch, das ihm selbst Unmögliche im Bild zu spiegeln.

Lorca zeichnet häufig Selbstportraits, indem er seinen Namenszug nicht nur bildnerisch ausschmückt, er läßt die Buchstaben: F-G-L organisch in Pflanzen, Gesichte, Mond, Pfeile, Tränen, Bedeutungsträger, wie der Zahl acht, auswuchern oder nimmt eine komplexe Umgebung wie eine Großstadtansicht und fügt eine Mond-Maske als sein Antlitz ein. Nicht das Gesicht, nicht die Buchstaben stehen für ihn, sondern immer das Ganze, das geheimnisvolle Miteinander. Buchstaben, Zahlen, Instrumente, Häuser, wir finden hier seine Bilder-Welt ausgearbeitet, Studien für Bühnenfiguren oder lyrische Skizzen aus einem Gedicht heraus. Immer wieder auf der einen Seite der Seemann und auf der anderen ein von Pfeilen, von Schmerz getroffener männlicher Körper. In der Haltung eines Christus oder San Sebastian. Der Tod und seine Masken und immer wieder ein Harlekin. Blumen und Musiksprache, Lorcas zeichnerisches Werk ist ein bedeutendes Element seiner Arbeit im Ganzen. Es verbindet Text und Darstellung und bewahrt dabei ein eigenes Imaginationspotential. Lorcas Bilder sind zumeist schwarz-weiß, schnelle, fragile Tusche-Arbeiten. Das Schwarz, das er so häufig in seinen Gedichten zitiert, ist faszinierend und abstoßend zugleich. Der Tod, wie in Gestalt der Guardia Civil, macht Angst, aber das Dunkle zieht dann auch wieder magisch an. Das scheinbar Einfache bringt manches Blatt in die Nähe von Karikaturen. Vor allem die farbigen Bilder scheinen besonders kindlich. Und auch das Spielerische finden wir in diesen Zeichnungen wieder. Das Spiel mit Bedeutungen und ihren Trägern, das Leichtwerden von schwierigen Themen.

Die Linie, wie Cy Twombly sagt, „illustriert nicht, sie ist die Empfindung der eigenen Verwirklichung."[28] Dieser Satz ließe sich auf alle Ausdrucksmittel Lorcas beziehen. In der Tat illustriert Lorca nie, und auch seine Bühnenbilder dürfen nichts Illustratives haben. Zeitgeschichte, Biographie und letztlich der Tod lassen sich vom Werk Lorcas nicht einfach trennen. So ermöglichen diese Zeichnungen Rückschlüsse auf das Leben, die Ängste und Wünsche des Zeichners. Der häufig nur als reiches, sorgenloses großes Kind geschilderte Lorca offenbart hier seine dunklen Seiten, den Schatten, der in ihm war und den er suchte, ein dunkles Haus der Geborgenheit und des Gefangenseins. Das inszeniert Naive in diesen Bildern kann das Gewaltsame, den Schrecken nicht verdrängen. Lorca, ein Artist und ein Intellektueller, ein Melancholiker und Clown von Rang, ein Lebemensch und Provokateur, ein Verängstigter und Rebell, ein die Öffentlichkeit Suchender und Fliehender, in seinen Bildern kann der Betrachter gleichzeitig diese Facetten eines so komplexen Menschen erkennen. Den Narziß und Märtyrer, den Spieler und In-sich-gekehrten. Den Kämpfer und Verfolgten, den Lustvollen und Wütenden. Wütend und verzweifelt. Mit den „Waffen der Poesie" (P. P. Pasolini) wehrt sich Lorca und erliegt den Waffen der Zeitgeschichte. Den poetischen Riß durch eine sprachlose Welt stellt er wie ein Auge dar, das dir Sehkraft verleiht. Die Wirklichkeit und Normalität werden positiv gestört, sie wollen eine solche Beunruhigung aber nicht. Die Machthaber erweisen sich einmal mehr als unfähig, eine andere Realität anzuerkennen als die, die nach ihren Normen funktioniert. Und vielleicht liegt ein besonderer Wert Lorcas Werks darin, in der so entzauberten und enttabuisierten Zeit heute das Tabu der poetischen Phantasie wieder zu entdecken.

Beinahe schalkhaft bewegt sich der Zeichner Lorca zwischen Moderne und der Kritik an ihr. Die Welt der Photographie ließ die Maler und Zeichner der 20er und 30er Jahre nicht mehr nur nach Abbildern suchen. Das Figurative wendet sich auch in Lorcas Bildern nach innen und nicht nach außen. Der Realismus kann hier nur Karikatur sein. Oder Kitsch. Lorca entwickelt wie Dalí auf seine Weise eine Eigenständigkeit, eine Souveränität, die man zur Ironie braucht. Er kann sich selbst parodieren. Lorca, dem Pantheist, ist keine Willensfreiheit angeboren. Er macht den Kampf zwischen Willen, Ohnmacht und Bezwingen sichtbar. Er schöpft seine Figuren aus einer tiefen Sympathie zum Menschen mit all seinen Abwegigkeiten. So versteht man sie auch direkt und urteilt nicht über sie. Allerdings steht die Eigenverantwortung für die Veränderung von Mißständen – so schwer oder unmöglich das auch sein mag – ganz oben in Lorcas Moralvorstellungen. Und die Achtung der Schöpfung.
Die Freiheit zum „Bösen", dargestellt zum Beispiel im „Garten der Lüste" oder „Die Versuchung des heiligen Antonius" von Hieronymus Bosch, bleibt in Lorcas Werk unterentwickelt. Die Figuren sind vor allem Gefangene, und die Bilderwelt Boschs kommt nur in ihren Träumen vor. Aber Träumer sind sie. Sie phantasieren aus dem Gefühl der „felix culpa" heraus. Das komische Nichts der Theaterwelt eines Samuel Beckett kennen sie noch nicht. Oder vielleicht doch: Das Warten als Motiv, die Unbeweglichkeit, das Sysiphoshafte, die Kreisbewegungen im Lebenslabyrinth finden wir bei den beiden so unterschiedlichen Autoren. Leben Becketts Narren in einem Niemandsland, geht es vor allem um die Zeit. Lorcas Dramen sollte die Folklore genommen werden, die kitschige Beziehung zum Land und seinen Gebräuchen, dann würde auch hier

die Dimension der Zeit und vor allem die oft verkappte Komik zum Vorschein kommen. In seinen Zeichnungen finden wir Spuren des Ortes, an dem sie entstanden sind, die dünnen Linien aber führen ins Freie.

V.

JETZT HABE ICH EINE DICHTUNG ZUM ADERN ÖFFNEN

Jetzt habe ich eine Dichtung zum Adern öffnen

Mit der Uraufführung der *Mariana Pineda* wird die Zusammenarbeit zwischen Lorca und Dalí ganz konkret. Der erste Bühnenerfolg gibt dem Dichter wieder Kraft, weiter an neuen Bühnenprojekten zu arbeiten. Und er schreibt die *Zigeunerromanzen*, das Buch, das ihn weltberühmt machen wird. Er knüpft Kontakte zu Juan Ramón Jiménez und Rafael Alberti. Immer wieder hält er sich bei den Dalís in Cadaquez an der Costa Brava auf. Die Themenkreise Impotenz, Unfruchtbarkeit, die Frustration des Nicht-lieben-könnens und Nicht-geliebt-werdens, das Motiv der Angst beschäftigt beide Freunde. Sie reisen nach Barcelona, und Lorca zeigt sich fasziniert vom Großstadtleben und den Szenelokalen im Rotlichtviertel. Er löst sich mehr und mehr aus der Enge Andalusiens, was den Geist der entstehenden Texte universeller werden läßt. Begegnungen mit Louis Aragon und Jorge Guillén sowie die Entdeckung der kubistischen Malerei geben neue Impulse. Dalí und Lorca korrespondieren über Wirklichkeit und Irrationalität. Und über den Kampf in der Arena. Die drei so gegensätzlichen Männer, Dalí, Lorca und Buñuel, begeistern sich für den Stierkampf. Die Begegnungen sind freundschaftlich, aber die Auseinandersetzungen über Kunst, Kunstströmungen und Inhalte spitzen sich zu. Lorca arbeitet an der Zeitschrift „gallo" mit und veröffentlicht Beiträge seiner Freunde. Film, Malerei, Dichtung, die künstlerische Welt scheint sich ihnen zu öffnen: Für Dalí jedoch wird sie hier zu eng. Er will mit Gala nach Paris. Lorca wird nach New York aufbrechen.

Mein Zustand ist immer heiter, und mein Traumleben gefährdet mich nicht, da ich über Abwehr verfüge; es ist gefährlich nur für den, der sich von den großen dunklen

Spiegeln faszinieren läßt, die Dichtung und Wahnsinn im Hintergrund ihrer Schluchten aufstellen. Ich bin und fühle mich mit bleiernen Füßen in der Kunst. Abgründe und Träume fürchte ich in der Realität meines Lebens, in der Liebe und im täglichen Zusammentreffen mit den anderen. Das allerdings ist schrecklich und phantastisch.[29] So offen schreibt Lorca über sich an seinen Freund Sebastiá Gasch. Und in einem Brief an Jorge Zalamea: *Es ist eine Notwendigkeit, eine Pflicht, heiter zu sein. Das sage ich dir, der ich eben einen der traurigsten und unangenehmsten Augenblicke meines Lebens durchstehe. (...) Dalí kommt im September. In seinem letzten Brief sagte er mir: Du bist eine christliche Windsbraut und brauchst etwas von meinem Heldentum. Während deines letzten Madrider Aufenthalts hast du dich an etwas ausgeliefert, dem du dich nie ausliefern durftest. Ich werde dich abholen, um dich einer Meerkur zu unterziehen. Es wird Winter sein, und wir werden Licht machen. Die armen Bestien werden starr sein. Du wirst dich erinnern, daß du der Erfinder herrlicher Dinge bist, und wir werden mit einer Kamera zusammenleben.*[30]

Hier bekommen wir einen Einblick in die eben nicht so heitere Seele des Erfolgreichen. Und in Dalís moralistische Bedenken, die für einen solchen Exzentriker wie ihn erstaunlich sind. Und schließlich zeigt Dalís Antwort, wie beide Freundschaft, Ängste und Wünsche, die Zusammenarbeit und die Bilderwelt der frühen Surrealisten verbinden.

Die spanischen Surrealisten wie Dalí, Miró oder Oscar Domínguez standen natürlich in Kontakt mit den berühmteren französischen Kollegen. Und umgekehrt war es Georges Bataille, der eine Bildanalyse von Dalís „Das grausame Spiel" veröffentlichte. Er analysierte vor allem auf psychologischer Ebene die Elemente der

Verwesung, von Blut und Kot. Dalí, der Tabubrecher, der Anti-Ästhet und Zersetzer. André Breton notierte zur ersten Dalí-Ausstellung in Frankreich: „Vielleicht werden mit Dalí zum erstenmal die geistigen Fenster weit geöffnet, und man wird fühlen, wie man sich der Falltür des Raubtierhimmels nähert."[31]

1934 schließt Breton Dalí aus der Surrealistengruppe wegen dessen Hitler-freundlichen Äußerungen aus. Die Franzosen verstehen sich als Revolutionäre nicht nur in der Kunst, und erst später wird Dalí mit seinen Bildern über den spanischen Bürgerkrieg sich und der Öffentlichkeit beweisen, wie dumm seine Position war. Lorcas Zeichnungen *Abgeschnittene Hände* (1936) und schon *Makabrer Tanz* (1927-28) zeigen die Verbindung zwischen privaten Ängsten und politischen in jener Zeit auf. Seismographisch führt der Dichter seine Linien, um die Erschütterungen festzuhalten. Auf der Suche nach dem „wahren Leben", wie Rimbaud es formulierte, bewegen sich die verstreuten Surrealisten seit 1924, seit dem ersten Manifest, jeder auf seine Weise in eine Richtung. Joan Miró, Max Ernst, Man Ray und Hans Arp sind da die ersten. Und Picasso schließlich revolutioniert die Kunst weltweit. Seine Bilder bezaubern und erschüttern, erneuern die Bildsprache und faszinieren durch ihren Anarchismus.

Sieht man Lorcas frühe Zeichnungen, erinnern sie in gewisser Weise an Miró, da die Bildkörper häufig so fragil und leicht zu sein scheinen, als hingen sie in der Luft. Mobiles, die gefährlich und gefährdet sind. Hier mischen sich die Einflüsse Dalís und Mirós auf den Dichter.

Und Dalí beginnt, Gedichte zu schreiben: „Gala / du bist nicht eingeschlossen / in den Kreis / meiner Bezugsobjekte / deine Liebe ist außerhalb / der bettlerischen Vergleichsbegriffe / der menschlichen Gefühle / denn ich fühle gar nichts für dich / setzen doch die Gefühle das Fehlen der Liebe voraus / oder ihre Schwachheit / und es geschieht außerhalb jedes Gefühls / daß meine reine einzigartige Vorstellung von dir / ihn mir zum Stehen und zum Spritzen bringt."[32] Dalí bringt seine Arbeit und Angst drastisch auf den Punkt.

Lorca war auch von den Arbeiten Oscar Domínguez', dem die Kunstgeschichte den „Sinn für das Wunderbare" zuschreibt, fasziniert. Eduardo Westerdahl schreibt über seinen Freund: „Und jene Sehnsucht nach dem Raum ist die Sehnsucht nach Freiheit."[33] Diese „Sehnsucht" hat Lorca ganz sicher gehabt, sie bestimmt vor allem sein dramatisches Werk und, bezieht man sein Ende mit ein, auch seine Biographie bis zur eigenen Tragödie.

Die abgetrennte Hand, der verwesende Esel, Insekten und schließlich das durchschnittene Auge: Bilder Dalís, Lorcas und: Buñuels dann in „Der andalusische Hund". Eine Szene aus dem Film Dalís und Buñuels erinnert heute an „Glückliche Tage" von Beckett: Ein Paar ist beinahe bis zum Hals im Sand eingegraben, und „Frühlingsgefühle" machen sich breit. Das Auge und der Mond. In der Schlußszene von Buñuels Meisterwerk blicken die beiden Beckett'schen Figuren sich nicht an. Sie blickt zum Himmel und er auf die Erde. Peter Weiss schreibt zu diesem Film: „...Gewichte, Netze, ein paar katholische Priester, mit Rosenkränzen, Gebete murmelnd, hinter ihnen zwei Konzertflügel, und auf jedem Flügel ein toter Esel. Mit ungeheurer Anstrengung zerrt er den Ballast hinter sich her, doch ehe er die Frau erreicht, entflieht sie. Wie er nach ihr greift, schlägt sie die Tür zu, klemmt seine Hand ein, und aus dem Innern der verkrampften Hand wimmeln

Ameisen hervor. – Buñuel ist Spanier, unter dem Katholizismus aufgewachsen, gegen dessen Gebote er sich auflehnt. Sein Held schleppt sich an den reaktionären Lügen der Kirche ab."[34]

In „Das goldene Zeitalter" entwickeln sich Buñuels Bildsprachen weiter, damit auch die Referenzen an Dalís Werk (seine Beziehung zu Gala), und er setzt Paul Eluard als Sprecher ein. Die Zersetzung der Kirchentheatralik wie die erotischen Bilder bis hin zur Masturbation erinnern an de Sades „120 Tage von Sodom". Dalí und Buñuel schreiben sich Briefe über Kindheitserlebnisse auf dem Lande, wo sie Eselkadaver, verweste Tierleiber und die sie fressenden Insekten gesehen hatten. Fleisch und Gewürm, fleischliche Begierde, der Verfall und kriegerisches Geschlachte: Dalís „Vorahnung des Bürgerkrieges" setzt alle diese Aspekte zusammen und zeigt ihre auch politische und nicht nur metaphysische Bedeutung in dem Umfeld eines verkommenen Bürgertums auf. Und Lorca sagt in seinem berühmten Vortrag *Theorie und Spiel des Duende: Ein Toter ist in Spanien als Toter lebendiger als an jedem anderen Ort der Welt.*[35]

Diese Erinnerungen an Bilder aus der Kindheit und aus Träumen, dieser Regressionsprozeß erschafft für damalige Verhältnisse futuristische Sprach- und Bildfindungen, die zuvor auf ganz andere Art Dada zu erfinden versucht hat. Auch das Imaginäre der Landschaften Mirós oder die gleichzeitig entstehenden Landschaften bei Dalí oder Lorca, die Einbeziehung von Natur und Architektur in die Gegenwart und Zukunft, verbinden die Wahrnehmung innerer Vorgänge mit dem Äußeren., Erinnern mit Phantasie. Naturerfahrungen sind Ausgangspunkt der künstlerischen Erfahrung. Feudalismus, Kriege, Industrialisierung: die Kunst kann das Verhältnis des Einzelnen zu seiner Um-Welt aufzeigen, ein Verhältnis, dessen Reichtum verlorengeht. Identifizierung und Kritik waren das Ergebnis einer Beziehung, eines Austausches zwischen Subjekt und Objekt. Schauplatz war stets ein „magischer Ort", wie die Surrealisten ihn nannten. Lorcas *Ode an Salvador Dalí*, Dalís Lorca gewidmeter Text „Der heilige Sebastian", „Ein andalusischer Hund" von Buñuel oder Lorcas Zeichnungen sind Zeugnisse eines vitalen Diskurses zu einer Zeit, da solche Auseinandersetzungen immer stärker unterdrückt werden sollten.

„...Wut krümmt das Schattenbild das seine Zähne peitscht die im Sande stecken und das leiboffene Pferd in der Sonne die es den Fliegen vorliest an die Knoten des Netzes voll Sardellen die Rakete aus weißen Lilien heften – Läuselaterne und in ihr der verdammte Rattenknäuel und Versteck des Palastes aus alten Lumpen-Flaggen die in der Pfanne braten winden sich im Schwarz der Tintensoße vermischt mit den Blutstropfen die es füsilieren – die Straße zeigt zu den Wolken auf festgehalten von den Füßen auf dem Wachsmeer das seine Eingeweide verfaulen läßt und der Schleier der es einhüllt singt und tanzt vor Kummer toll..."[36] So lauten einige Zeilen aus Picassos „Traum und Lüge Francos". Und Federico García Lorca schreibt in einem Brief an Jorge Zalamea: *Jetzt habe ich eine Dichtung zum Adern öffnen, eine Dichtung, die der Realität schon entwichen ist, mit einer Emotion, in der sich all meine Liebe zu den Dingen und mein Scherz mit den Dingen widerspiegeln. Liebe zum Tod und Scherz über den Tod. Liebe. Mein Herz. So ist es.*[37]

VI.

ICH PROTESTIERE! ICH PROTESTIERE! ICH PROTESTIERE!

ICH PROTESTIERE! ICH PROTESTIERE! ICH PROTESTIERE!

Die Aufenthalte in New York und später in Kuba bedeuten für Lorca nicht nur das Kennenlernen einer neuen Welt, sondern auch Befreiung von inneren, ihn so sehr quälenden Tabus. Es ist nicht allein die spanische Gesellschaft, die es ihm im Gegensatz zu anderen homosexuellen Künstlern und Intellektuellen unmöglich macht, sein Leben offen zu leben, es sind innere Zwänge durch die äußeren verstärkt. In New York fasziniert ihn das Nebeneinander von Rassen und Kulturen, aber auch die Aggression, der Haß und die Diskriminierung bestimmen Tempo und Gehalt seiner hier entstehenden Gedichte, die er zu seinem vielleicht bedeutendsten Lyrikband, *Dichter in New York*, zusammenstellen wird. Die Affinität zu dem großen Dichter Walt Whitman inspiriert ihn zu seiner berühmten Ode an Whitman, in der der ganze Lorca zu erkennen ist. Nicht so sehr diese Fremde und die Schönheit eines Sich-Auslebens, das bei Whitman kein Tabu ist, die Verbundenheit mit dem Land, mit dem Ort und der Natur, das Selbstverständnis des Menschen als einem gleichwertigen Mitglied der Schöpfung und der Blick von unten nach oben, ja, man kann beinahe sagen, zu Sonne, Mond und Sternen, haben beide Autoren gemein. Auch das Thema von Zerstörung und Bedrohung.
In Kuba erzählt man sich laut Gibson heute noch von Lorcas freizügigem Leben. Die New Yorker Gedichte zeigen bereits eine Loslösung von strenger Form und strengem Rhythmus. Die Sprache wird freier und findet in Lorcas zu selten gespieltem Stück *Das Publikum* ihren neuen Ausdruck. Die Figuren sind keine verkappten Maskenträger, sie heißen „Maske". Lorca bezieht sich auf den „Sommernachtstraum" und formuliert die

Rechtfertigung jeder Liebe. So schreibt er eindeutig sado-masochistische Szenen und Konstellationen, aber nie mit der verkrampften Gesinnung von wie auch immer Bewegten, sein Stück *Das Publikum* bleibt – wie der „Sommernachtstraum" – spielerisch leicht. Wie bei Proust oder Shakespeare sind die Geschlechterrollen ein Spiel, oft zu dramatisch und selten so wunderbar komödiantisch. *Komödie ohne Titel* kann als ein dramaturgischer Schritt in diese für Lorca mutige Richtung gelesen werden.

Und Mut brauchten Intellektuelle wie Lorca. Zwar gab es nach Primo de Riveras Tod eine Liberalisierung und Entwicklung zur Republik. Doch wieweit konnte man den demokratischen Kräften in diesem jungen neuen Spanien trauen? Verstärkt wurde eine Bildungspolitik nicht für die Privilegierten, sondern für alle betrieben, und auch die Künstler fühlten sich aufgefordert, an diesem kulturpolitischen Prozeß mitzuwirken. Die erste Tournee von Lorcas Studententheater „La Barraca" geriet zu einem echten Erfolg: Gegen den Widerstand der rechten Lokalpolitiker führte die Gruppe Stücke von Calderón, Lope de Vega und Lorca auf und erreichte auf Dorfplätzen quer durch das südliche Spanien wirklich Menschenmassen, die nie zuvor ein Buch gelesen, geschweige ein Theater betreten hatten. Obwohl Lorcas Gegner mehr und mehr Gerüchte über Skandale in die klein-bürgerliche Welt setzen konnten, Lorcas Erfolgszug war nicht aufzuhalten: Ihm gelang es, Intellektuelle und Arbeiter und Bauern für das Theater zu begeistern. In den großen Häusern wurde *Bluthochzeit* umjubelt, und an den Stationen der „Barraca" arbeitete Lorca als Regisseur und Dramaturg sowie bei Publikumsdiskussionen mit.

1933 und 34 erfährt Spanien einen neuen, deutlichen Rechtsruck. Nach dem Kampf kommunistischer Landarbeiter gegen die Guardia Civil wird die rechte Propaganda einflußreicher, und Ausschreitungen gegen alles, was nicht politisch rechts steht, kommen erneut auf die Tagesordnung. Die Vorgänge im eigenen Land und die breite Berichterstattung über Hitlers Machtergreifung und Rassenideologie alarmieren Lorca. Er bezieht eindeutig Position gegen Hitler und in Spanien gegen die Falangisten. Er tritt der „Vereinigung der Freunde der Sowjetunion" bei.

Trotz des Erfolgs von *Bluthochzeit* auch in Argentinien wird spätestens seit *Yerma* die rechtsextreme Polemik gegen Lorca immer lauter und gefährlicher. Die katholische Presse verreißt das Stück und greift den Autor in scharfer Form an. Lorcas Kirchenkritik und sein unbestechlicher Blick auf die verrottende Gesellschaft, sein Plädoyer für Ausgegrenzte, seine immer bekannter werdende Homosexualität wie auch seine Bewunderung für die russische Kultur, Literatur und Philosophie nutzten seine Gegner als Zündstoff. Lorcas eigene Position wird radikaler, und er fordert ein kreatives Bündnis von Künstlern mit linker Politik. Er identifiziert sich mit der radikalen Volksfront, tritt in Arbeiterclubs auf und redet gegen die Diktaturen in Kuba, Brasilien und antidemokratische Bewegungen im eigenen Land. Zugleich arbeitet er an neuen Stükken und schreibt die *Sonette der dunklen Liebe*.

Allein in Spanien sitzen 30 000 politische Gefangene in Haft. Angst geht um. Und Lorca, der häufig als unbedarfter Glückspilz, als freundlicher Folklore-Autor Portraitierte, engagiert sich und zeigt politische Strömungen, politischen Alltag als Niedergang einer republikanischen Kultur auf. Seine „Barraca" bekommt keine finanzielle Unterstützung mehr und ist somit quasi verboten. Despotismus heißt der Zeitgeist. Lorca hat ihm mit Bernarda Alba einen Namen gegeben.

Arbeiten als Form des Protestes. Denn an jedem Tag, an dem man die Augen aufmacht, hätte man in dieser Welt voll Ungerechtigkeit und Elend Veranlassung, Ich protestiere! Ich protestiere! Ich protestiere! zu schreien.[38]

VII.

MAN MUSS JUNG SEIN UND SIEGEN

Man muss jung sein und siegen

Aber diesem Standbild aus Luft möchte ich sein Blut hinzutun wie einen Korallenzweig, der in der Flut sich bewegt, seine Nerven, die der Photographie eines Bündels von Blitzen gleichen, seinen Minotauruskopf, darauf sich Gongoras Schnee als ein Flug der Kolibris darstellt, seine schweifenden, abwesenden Augen eines Tränen Millionärs und seine Fehler. Die von Rauken verschlungenen Gestelle, darauf die Cognacflaschen seiner dramatischen Trunkenheit Leeren von Flöten von sich geben, seinen bezaubernd schlechten Geschmack und die frechen Einstreusel, die die Menge seiner Verse mit Menschlichkeit erfüllen. Außerhalb von Normen, Formen und Schulen dauert die fruchtbare Substanz seiner großen Poesie fort.[39] So preist Lorca den berühmten Stierkämpfer Rubén Darío in einem Interview mit Pablo Neruda. Und ein wenig zuvor: *Mir fällt der Vers von Pablo Neruda ein: ‚Ich weiß wenig, weiß fast nichts'. Aber ich werde in dieser Welt mich immer an die Seite derer stellen, die nichts haben und denen man selbst die Ruhe ihres Nichts verweigert... Auf der Welt kämpfen nicht nur menschliche, sondern tellurische Kräfte miteinander. Mir legen sie das Ergebnis des Kampfes auf die Waage: hier dein Schmerz und dein Opfer und hier die Gerechtigkeit für alle, selbst mit der Angst vor dem Übergang in eine Zukunft, die man ahnt, aber nicht kennt, und ich schlage mit aller Kraft mit der Faust in diese Schale.*[40]
Lorcas Schwärmerei für den Stierkämpfer kommt der Ästhetisierung eines Wettstreites gleich, wo das Tier, also die unbezwungene Natur, vom Menschen, hier dem Manne, herausgefordert wird. Die Chancen stehen gleich – angeblich –, und die Schönheit beider im Kampfe wird zum Fest. Ein Opfergang. Das totale

Risiko. Lorca und seine Freunde liebten den Stierkampf, und einige Torreros waren echte Berühmtheiten. Er liebte sicher ihre Männlichkeit, ihre Tapferkeit, die er so nicht besaß, und ihre Freizügigkeit, mit der sie – so berichteten alle Klatschblätter – Frauen und einige auch Männer eroberten.

Diese Männer hatten für Lorca die Würde und Komik von Arena-Kämpfern, wie die Boxer-Figuren von Eduardo Arroyo. Der Stierkampf gehörte zum spanischen Alltag wie die Märkte und wie Lorca sich das Theater als alltägliches Ereignis für jedermann wünschte. *Wir glauben, wir können unser Teil dazu beitragen zu dem großen Ideal, das Volk unserer geliebten Republik zu erziehen, indem wir ihm sein eigenes Theater wiedergeben. Wir wollen Gut und Böse, Gott und Glauben wieder in Spaniens Städte bringen, unsere Karawane anhalten und sie ihre Rolle spielen lassen in dem alten römischen Theater von Mérida, in der Alhambra, auf all den Plätzen Spaniens, die Mittelpunkt des Volkslebens sind, den Plätzen, die Märkte und Stierkämpfe sehen...*[41]

Lorca identifiziert sich mit den Darstellern und Stierkämpfern als einem künstlerischen Nomadenvolk, das durchs Land und seine Bevölkerung, aber auch durch die Zeit zieht, einer Erscheinung gleich: ein *Standbild aus Luft*. Lyrisch und dramatisch geht seine Wahrnehmung in eine andere Realität über. Die Arena, das Theater, der Marktplatz, die Darsteller, das Publikum, die Städte und Dörfer, die sie umgebende Natur, wieder geht Lorca zurück in die Geschichte und ihre Mythologie, um neu zu formulieren, was ihn beunruhigt: auf der einen Seite das Fest der Sinne, auf der anderen Seite die soziale und politische Realität. Er macht eine Kraft aus, die er schon früh den *Dämon* genannt hat, eine Energie, die widersprüchlich erfahren wird: göttlich und teuflisch. Schmerz und Opfer, der

Kampf mit sich selbst, Lorca verweist auf innere und äußere Vorgänge, die nicht zu trennen sind. Sein Engagement, sein politisches Theater bewahrt, da er nie die Sinnlichkeit aus den Augen verliert, immer Poesie. Hierin liegt ein dramaturgischer Wettstreit, die Hauptschwierigkeit in den Inszenierungen der Stücke Lorcas.
Das Theater ist eine Schule des Weinens und des Lachens und eine freie Tribüne, auf der die Menschen alte oder irrige Morallehren deutlich zeigen und durch lebendige Beispiele ewige Regeln des menschlichen Herzens und Gefühls ausdrücken können.[42]
Pädagogischer Eros oder einfach kindliches Spiel in künstlerischer Form, Lorcas Theater kommt vom Spielerischen her, in der ihm eigenen lyrischen Sprache überhöht, wird es zur hohen Schule der Theater-Poesie, heute würde man vielleicht sagen, des Bilder-Theaters. Ganz falsch, denn seine Figuren bewegen nun wirklich vor allem dramatische Konflikte. „Was glauben Sie, überwiegt in Ihnen, das Lyrische oder das Dramatische?" *Zweifellos das Dramatische. Mich interessieren die Leute, die eine Landschaft bewohnen, weit mehr als die Landschaft... Später beim Schreiben erinnert man sich dieser Dialoge, und der authentisch volkstümliche Ausdruck entsteht wieder. Ich habe ein großes Archiv von Kindheitserinnerungen an die Sprache der Leute... In unserer Zeit muß der Dichter sich die Adern für die andern öffnen.*[43]
Dieses Gespräch fand 1935, im Jahr vor Lorcas Ermordung, statt. Die „Kindheitserinnerungen" sind aber nicht nur Erinnerungen an die Geschichten und Sprache der Menschen, sondern an ganz konkrete Figuren und Konflikte aus Lorcas Umfeld. Von *Mariana Pineda* bis *Bernarda Albas Haus*, die Protagonisten und zahlreiche Nebenfiguren, ihre Vorbilder lernte Lorca im Laufe seines Lebens selber kennen oder fühlte sich

durch Vorfälle, über die Zeitungen berichteten, angeregt, diese Stücke zu schreiben, wenn sie etwas mit seiner Welt und seinen Konflikten zu tun hatten. Sie zeugten von der genauen Wahrnehmungsfähigkeit und dem klaren Interesse des Autors an seinen Mitmenschen. Er sah sein Theater als eine Art Gesamtkunstwerk von Geschichte, Sprache, Bühnenbildkunst, dann ganz wichtig Musik, die Darsteller und das Publikum.
Die Musikalität klingt nicht nur in der ihm eigenen lyrischen Sprache an. Er benutzt Erinnerungen an Kinder- oder Volkslieder in seinen Stücken gerade an dramaturgisch entscheidenden Stellen: Sie gemahnen die Protagonisten an ihre Herkunft und das sie – sollten sie ihrem Freiheitsdrang folgen und sich gegen die Tradition stellen – bedrohende Schicksal. Den Lehrcharakter verlieren die Stücke umso mehr, je freier der Autor selber wird. Die Veränderung in den Dramen kommt der Veränderung in der Lyrik von andalusischen Gedichten über die *Zigeunerromanzen, Dichter in New York* bis zu *Sonette der dunklen Liebe* gleich. Der Autor geht souveräner mit dem Stoff um und löst sich vom Ort, ohne ihn zu leugnen. Lorca ist ein so spanischer Dichter wie die großen Autoren vor ihm. Stolz, Kritik und Liebe zum Land sind der Unterton seiner Literatur. Und ihn zeichnet ein ungewöhnlich direktes Interesse an seinem Publikum aus. Lorca sucht seine Leser, Zuschauer und die Kritiker, er spricht sie an, führt zahllose Diskussionen und Interviews, inszeniert selbst, tritt auf und entdeckt schließlich das Publikum als Figur für seine letzten Stücke.
Wie wir feststellen konnten, gibt es ein einziges Publikum, das uns nicht zugetan ist: das Zwischending – das vergnügungssüchtige, materialistische Bürgertum. Unser Publikum, das wirklich der Kunst des Theaters nach-

jagt, gehört zu den beiden Extremen: den Kultivierten mit Universitäts- oder intellektueller oder spontaner künstlerischer Bildung und dem einfachen Volk.[44]
Und weiter führt er aus: *Eine Sache ist die Bildung und die andere ist das Licht. Das ist es, was man haben muß: Licht... Natürlich gefällt es dem Publikum. Dem Publikum, das auch mir gefällt: den Arbeitern, den einfachen Menschen vom Lande und den Studenten, Leuten, die arbeiten und lernen. Den Herrensöhnchen aber, den Stutzern, die nichts im Kopf haben, gefällt es nicht besonders.*[45]
Hinter diesen Worten steht mehr als sozialistische Naivität. Lorca schreibt ganz bewußt seinem Publikum eine Rolle zu, zu jener Zeit, da die Geschichte Spaniens an einem Wendepunkt steht und die Künstler öffentlich sich einmischen. Es liegt auch an diesem Publikum, die spanischen Verhältnisse im politischen „Theater" zu verändern, sich von Rollenverständnissen zu lösen, sich zu engagieren und nicht nur Marionette der Geschichte, Gesellschaft, Familie oder eben Politik zu sein. Lorca, am Ende seines Lebens keine vierzig Jahre alt, fordert eine rebellische Position ein und zugleich dazu auf, sich das kindlich Spielerische zu bewahren, die Fähigkeit, direkt zu re-agieren, Humor zu behalten und eine Liebe zu Natur und Mensch, trotz aller Widrigkeiten. Wie er ist sein Publikum müde und hat die Konventionen satt.
„Ein regloses Ohr auf einer kleinen senkrechten Rauchsäule kündigt Ameisenregen über dem Meer an. / Auf der Seite des kalten Felsens liegt eine Augenwimper. / Ein Stück abgerissenes Fleisch kündigt das schlechte Wetter an. / Sechs verlorengegangene Brüste finden sich innerhalb eines quadratischen Wassers. / Kleine Minutenzeiger summen um einen verfaulten Esel, der den Beginn des Frühlings anzeigt. / Ein

Bauchnabel ist irgendwo hingestellt, mit seinem weißen / Minigebiß einer Fischgräte. / Ein trockener Krebs auf einem Korkstück zeigt das Hochwasser an. / Eine nackte Figur steht mondfarben da und trägt ihre Nase. / Eine Flasche Anis del Mono schwebt horizontal über einem / leeren Holzstück und gibt vor zu schlafen. / Man sieht den Schatten einer Olive in der Falte."[46]

Dieses Gedicht von Salvador Dalí zeigt den Konventionsbruch mit einer Lyrik und Kunst, die allein der Traditionspflege verpflichtet ist. So ist auch Lorcas Werk grundsätzlich revolutionär: Er findet eine neue lyrische Sprache, bewußt Regeln verletzend, und bezieht nie direkt und nie oberflächlich politische Konflikte mit ein. Er läßt das Publikum in seine Figuren schauen und nimmt es mit auf eine Reise ins Ungewisse. Darin liegt das Risiko. Die vorgestellte Welt wird zur wirklichen. Imagination wird sichtbar, und Phantasie kommt zu Wort. Ganz alltägliche Szenen bekommen plötzlich einen Zauber. Mal bedeutungsschwer, mal ironisch, in den frühen Texten manchmal zu eng am eigenen Land und seiner Geschichte. Der andalusische Welt-Autor Federico García Lorca läßt seinen Leser, sein Publikum mit ins Ungewisse aufbrechen. Das ist überall.

Diesem Zauber liegt der Dämon zugrunde, dem Lorca sein Leben lang auf die Spur zu kommen versucht. *Theorie und Spiel des Dämons* heißt seine berühmte Abhandlung. In einem Brief notiert er: *Ich nenne den Dämon der Kunst das ihr eigene, ungreifbare Fluidum, das ihren Saft, ihre Wurzeln ausmacht, wie etwa ein Korkenzieher, der in die Empfindsamkeit des Publikums hineinstößt.*[47]

In *Theorie und Spiel des Dämons* liegt auch die Anlage zu *Sonette der dunklen Liebe* oder vor allem zuvor zur

Dichtung vom Cante jondo / Dichtung vom tiefinnern Gesang.
Alles, was schwarze Töne hat, hat Dämon. Es gibt keine größere Wahrheit... Schwarze Töne, sagt Spaniens volkstümlicher Mann (Manuel Torres – Anm. d. Autors) *und stimmt darin mit Goethe überein, der den Dämon definiert, indem er von Paganini sagt: Geheimnisvolle Macht, die jeder fühlt und die kein Philosoph erklärt... Also keine Frage der Befähigung des Wissens, sondern des dem Leben selbst eigenen Stils, das heißt, des Blutes; das heißt sehr alter Kultur, des sofort, zugleich mit der Handlung Schöpferischen.*[48]
Und dieser Dämon ist es, den zu spüren er seinem Publikum abverlangt und den jeder, der hören will, hören kann. Lorcas Stücke und Lyrik bieten einen ganz direkten musikalischen Zugang. Spiel, Kampf, Dichtung, Lorcas Konzepte hatten einen für uns heute schwer vorstellbaren Erfolg. Für manche liegen diese Stoffe und Sprache in Zeit und Ort weit von uns entfernt. Das liegt im deutschsprachigen Raum an der zum großen Teil den folkloristischen Ausdruck bedienenden Sprache des Übersetzers. Neue Übersetzungen sind für die Theater und Leser dringend notwendig. Dabei nichts gegen Folklore: Lorca benutzt ihre Musikalität und entwickelt sie künstlerisch weiter, er überhöht sie. Lorca lesen oder vor allem seine Stücke spielen, sollte sich von dem Bühnenplunder befreien. Dieses Werk muß wieder jung werden und uns direkt, wie jede heranreifende wichtige, poetische Erinnerung angehen. Seine Sprache ist vor allem in den letzten Büchern große Lyrik und in seinen letzten Stücken Welt-Theater. Lorca bleibt jung, spielerisch und rebellisch. *Unsere Stunde ist gekommen. Man muß jung sein und siegen.*[49]

VIII.

ICH HABE SOLANGE
MIT DER MASKE GEKÄMPFT,
BIS ICH DICH NACKT SAH

ICH HABE SOLANGE MIT DER MASKE GEKÄMPFT, BIS ICH DICH NACKT SAH

In meiner Einbildung tauchte wieder und wieder Mariana Pineda auf, in eiserner Rüstung und in hochtrabende Elfsilber, Akrostichen und Stanzen gehüllt, während mein Herz mir zuflüsterte, daß es so nicht wäre. In ihren Händen trug Mariana Pineda – nicht um zu siegen, sondern um am Galgen zu sterben – zwei Waffen: die Liebe und die Freiheit – zwei Dolche, die sich immer wieder in ihr eigenes Herz bohrten.[50]

Lorca stilisiert die historische Mariana Pineda zu einer Volksromanzenfigur. Sie ist eine bürgerliche Frau, die erst am Ende des Stückes ihren enormen Willen zum Ausbruch beweist. Sie wird zur puren Emotion, und allein diese Gefühlsstärke befähigt sie zu ihrer rebellischen Handlung und tödlichen Konsequenz. Ihr Freiheitskampf kommt aus der Liebe und nicht aus Überzeugung. Erst die Liebe macht sie stark und blind genug, alles aufs Spiel zu setzen. Grün, weiß, blau, golden, allein die Beschreibung der Kostüme, die Anweisungen des Autors, zeigen, welch genaues Bild er sich von seiner Heldin gemacht hat. Der Historie verpflichtet, betont seine Sprache aber die Emotion, Tragik und Schmerz, das Opfer.

Die wundersame Schustersfrau ist in Ton und Rhythmus leichter als Lorcas erstes Stück. Bewegte sich *Mariana Pineda* noch im Gefängnis ihrer (und Lorcas) Sprache, tragen der Schuster, die Schustersfrau und die Nebenfiguren die Maske als tragik-komisches Mittel zum Zweck. Sie verbergen sich, um sich zu entdecken. Sie verstecken ihr wahres Gesicht, damit der oder die Geliebte es endlich erkennen kann.

Und der Autor weist an: *Alle sind komisch in ihrem Kummer.*[51] Oder: *Der Regisseur soll den Schauspieler, der diesen Typ auch nur im geringsten übertreibt, mit dem Stock über den Kopf hauen.*[52]

Lorca sieht seine Figuren weder als Karikaturen, noch als Folklore-Personal. Die Protagonistin ist Typus und Archetypus. Sie ist eine der Frauenfiguren, die zunächst für das Rollenverständnis in der spanischen Gesellschaft steht, dann für ihre unbefriedigten Träume, die Unterdrückung und den Schmerz daran. Der Autor läßt sie mit Wirklichkeit und Phantasie kämpfen. Ihr Inneres ist der Passionsort eines jeden Unterdrückten. Die kleine Welt, die Welt des Diminutivs, ist ihre Heimat. Dort sieht sie den geheimnisvollen Gehalt der realen Ideen und Dinge.

Lorcas Vorstellung von der Komik seiner Figuren von der Schustersfrau bis zu Bernarda Alba hat etwas Stummfilmhaftes. Buster Keatons komische Traurigkeit ist seine Maske eines tiefinneren Ernstes, nicht das Scheitern ist komisch, nicht der Dumme August allein bringt hier zum Lachen, diese Figuren sind die Verkörperung aller drei Clowntypen: August, Weißer Clown und Zirkusdirektor. „Siehe, da fand ich einen Greis, ganz von meiner Form und Gestalt, der auf einem Thron aus Gold saß und in seiner Hand eine Tafel aus grünem Smaragd hielt, worauf geschrieben stand: Dies ist die Beschreibung der Natur – und vor ihm befand sich ein Buch, darauf war geschrieben: Dies ist das Geheimnis der Schöpfung und das Wissen von den Ursachen der Dinge."[53] Dieser archaische Hermes verkörpert die Urgestalt des Narren, der sich als Säugling aus der Wiege schlich, um eine Schildkröte mit schönen Worten zu sich zu locken. Dann schlachtet er sie, um aus ihrem Panzer eine Leier zu formen. Das Schöne als des Schrecklichen Anfang. Und als sein Ende: „Das Schlimmste kehrt sich in Gelächter", heißt es im „König Lear".

Das Stummfilmhafte ist die Maske, die Sprache Lorcas reißt sie herunter. Das macht Glücksmomente möglich und das Sich-dem-Tod-Ausliefern.

Hermes, der Götterbote und Führer der Schatten, Glücksbringer und Erfinder der Musik: Schatten, Wort und Musik, Hades und Licht, das ist die Erlebniswelt der Figuren und sicher auch des Autors selbst.

Die *Tragikomödie des Don Cristóbal und der Doña Rosita*, eine Farce für Puppen in sechs Bildern mit einem Vorspiel, ist die Puppentheaterversion von *Doña Rosita bleibt ledig*.

Von irgendwo erscheint die Mücke, eine geheimnisvolle Person: teils Kobold, teils Poltergeist, teils Insekt. Sie verkörpert die Freude des freien Lebens... Ich und meine Truppen kommen vom Theater der Bürger, der Burggrafen und sonstigen Grafen, es ist ein Theater aus Gold und Kristall, wo die Männer hingehen, um einzuschlafen, und die Frauen ... auch um einzuschlafen ... und wir flüchteten durch das Land und suchten nach einfachen Leuten, denen wir die Dinge, die Dingerchen und Dingelchen der Welt zeigen können unter dem grünen Mond der Berge, unter dem rosaroten Mond der Straße.[54]

So heißt es im Vorspiel zur Tragikomödie. Das Bürgertum verschläft die Geheimnisse der Welt, der Theaterwelt, und nur diejenigen, die einen Zauber wahrzunehmen fähig sind, für die wird gespielt und für die spielt auch die Natur. Die Sprache der Fauna und Flora und die überirdische Welt spielen hier mit Lorcas Märchen-Personal. In *Doña Rosita* ist die Gegenwelt, die bürgerliche also, beinahe heutig kapitalistisch. Der Diskurs zwischen dem Onkel und Herrn X klingt wie ein komischer Grundkurs im Einmaleins des Kapitalismus. Der Blumenzüchter kann den Rechner natürlich nicht verstehen und umgekehrt. Die Welten trennen sich.

Und der verliebte Neffe kennt in seinen endlosen „Wenn"-Sätzen die Werther'schen Bedingungen, unter denen seine Liebe zu Rosita vielleicht oder eher sicher nie möglich wird. Großartig die Rolle der Haushälterin, eine erste böse Verwandte der Bernarda Alba, in ihrer Schadenfreude und Boshaftigkeit sehr sympathisch und durchaus von heute. Alle scheinen ein bißchen mehr oder weniger verrückt und weise zu sein. Und Lorca selbst, hier als Don Martín, beweist Selbst-Ironie: *Es ist schwer, Dichter zu sein! Später wollte ich Apotheker werden. Das ist ein ruhiges Leben.* Die Wanderungen durch Andalusien hatte er da als junger Mann bereits längst hinter sich. Schmerzhaft komisch diese kleine Welt und ganz einfach ihre Tragödien: Da gibt es die Armen und Reichen, die Guten und Bösen, die Verfluchten, die kopfüber in die Hölle kommen werden, oder die in ihrem Hang zu Kitsch und Religion zum Scheitern der Liebe Verdammten. Dazwischen der alte Herr mit seinen Rosen, der einzige poetische Anarchist, der aus diesen vier endlos dicken Wänden auszubrechen vermag. Tante und Rosita, Verwandte von Yerma oder Bernarda Alba:
Tante: Verlaß deine vier Wände, mein Kind. Mach dich nicht unglücklich.
Rosita: Ich habe mich daran gewöhnt, viele Jahre außerhalb von mir zu leben, indem ich an Dinge dachte, die sehr fern waren. Und jetzt, wo diese Dinge nicht mehr da sind, kreise ich immer noch, immer noch um einen kalten Ort und suche einen Ausgang, den ich niemals finden darf. Ich habe alles gewußt.[55]
Der Kafka'sche „Ausgang" wäre die Tür hinaus aus der Eigenschuld des Nicht-wissen-wollens. Ein Ort wie der Raum in Buñuels „Würgeengel", der offen steht und den du doch nie verlassen kannst. Solche Figuren, vor allem Frauen-Figuren, hat in der Gegenwartsliteratur

Natalia Ginzburg geschaffen. Lorca formuliert mit Rosita einen Teil seiner eigenen Poetologie: *Es gibt Dinge, die man nicht sagen kann, weil es keine Worte gibt, um sie zu sagen. Und wenn es sie gäbe, würde niemand ihre Bedeutung verstehen... Es gibt auch nichts Lebendigeres als eine Erinnerung. Erinnerungen machen uns das Leben möglich.*[56]
Lorca macht sich über das lächerliche Leben seiner Doña Rosita, die sich nur fügt, äußerlich ruhig, innen verhärmt, nie lustig. Grotesk und erschütternd zugleich verbietet sie sich all das, wonach sie sich sehnt. Wie aus vergangenen Zeiten erleben wir hier ein Frauenschicksal in bürgerlicher Komödie zwischen Ironie und Mitleid. In trostloser Idylle herrschen Fatalismus und die Unfähigkeit, den eigenen Wünschen nachzugehen, die Liebe zu leben, für Lorca die große Schuld der Menschen.

„Du siehst nun die Hoffnung und die Sehnsucht, in die Heimat zurückzukehren und in den Urzustand des Chaos, es gleichsam so zu machen wie der Schmetterling mit dem Licht; und der Mensch, der mit unaufhörlichem Verlangen, als warte er auf ein Fest, immer den neuen Frühling erwartet, den neuen Sommer, den neuen Monat, das neue Jahr, wobei es ihm scheint, als kämen die ersehnten Dinge immer zu langsam: er merkt nicht, daß er in Ungeduld seine eigene Auflösung herbeiwünscht. Aber diese Sehnsucht ist die Quintessenz, der wahre Geist der Elemente, die sich im menschlichen Leibe mit der Seele eingeschlossen fühlen und stets verlangen, zu ihrem Aussender zurückzukehren. Und dir ist zu wissen not, eben diese Sehnsucht ist die Quintessenz mit der Natur, mit ihr untrennbar verbunden."[57] Leonardo da Vinci beschreibt hier vortrefflich den regressiven Prozeß menschlicher Ur-Wünsche. Natalia Ginzburgs Provinz-Figuren oder

Alberto Moravias Stadt-Menschen leben mit ihrer eigenen Schuld und dem Wissen darum. In ihrem Gefängnis richten sie sich ein. An den Schauplätzen der frühen Romane Moravias geben auch genau diese Figuren der Schuld eine politische Dimension. Die Konformisten und Ignoranten der 20er und 30er Jahre in Spanien kannte Lorca nur zu gut. Insofern sind die frühen Stücke Lorcas Märchen, Komödie, Tragödie, ja, aber hinter den traurig-komischen Masken steht die Unterdrückung. Die Figuren unterdrücken sich selbst und leben in einem Klima gesellschaftlicher, auch politischer Unterdrückung.

Die Flucht zurück, das Sich-Einspinnen in den Kokon der geheimen Wünsche und Lüste, das flügellahme Leben, das Ausweichen in Erinnerungen und das Nur-Reden über all die Dinge, die man sich und anderen nie zutraut. Dieses Klima aus Mißtrauen sich selbst und den anderen gegenüber, Lorcas Figuren haben meist nur zwei Perspektiven: das totale Sich-Fügen oder das tödliche Risiko.

Mein Durst wird nie, nie gelöscht, wie nie der Durst gelöscht wird jener Masken, die Wasser in den Brunnen speien[58], meint Belisa und wenig später: *Zweites Koboldchen: Denn wenn die Dinge nicht vorsichtig und sehr behutsam verdeckt werden – – Erstes Koboldchen: – – dann werden sie nie entdeckt.*[59] Die Maske spielt auch in *In seinem Garten liebt Don Perlimplín Belisa* eine zentrale Rolle. Und Lorca spielt nicht einfach so mit den Gestalten der Phantasie. Keine surrealistische Traumdramatik also, kein zum Deuten erfundener Symbolismus, alles steht direkt erkennbar klar vor den Augen der Zuschauer: *Am Balkon vorüber fliegt ein Schwarm von Vögeln aus schwarzem Papier*[60], weist der Autor in einer Szene die Regie an. Er beschreibt mit geöffneten Augen das Denken und Fühlen. René Magritte bringt es auf den Punkt: „Die Poesie vergißt das Mysterium der Welt nicht: Sie ist für die Vorstellungskraft nicht nur ein Mittel zur Flucht oder eine Geschmacksfrage, sie ist die Gegenwart des Geistes."[61] Magritte, wie Lorca 1898 geboren, malt 1927 das Bild „Der geheime Doppelgänger" und zeigt darauf eine Maske und was dahinter lebt. Beide gehören zusammen und bedingen einander. Die Dinge bekommen keinen Sinn, sie tragen ihn. Das Denken darf nicht nur über die Dinge verfügen wollen. Es kann ihr Geheimnis entdecken, indem es ihnen ein solches zugesteht. Etwas enthüllen, indem man es verbirgt, scheint paradox. Und das Paradoxe sichtbar machen Maler wie Magritte und Schriftsteller wie Federico García Lorca. Die neuen Zusammenhänge schaffen eine Fremde, und darin verborgen ruht das Unbenenn- oder Unerkennbare.

Der gehörnte Don Perlimplín entwickelt soviel Phantasie, daß er allen Frauen Hörner aufsetzt. Er vereinbart das Unvereinbare: Lyrik und groteske Dramatik.

Sobald fünf Jahre vergehen ist für mich eines der schönste Stücke Lorcas. Poesie, Komik, Tragödie und philosophische Dimensionen eines Samuel Beckett und Marcel Proust finden hier zusammen.

Alter: Das heißt, man muß sich erinnern – aber vorher erinnern.
Jüngling: Vorher?
Alter: Ja, man muß sich an morgen erinnern.[62]

Die beiden diskutieren über innen und außen, das Haus, das Leben heißt, in dem du gefangen scheinst und gleichzeitig die Zeit die Wände abträgt. Der Alte weiß um das lebendigere Innen und tut jede Bewegung als Nicht-Bewegung oder Akt des Wartens ab. Nein, er schätzt das Leben so ein und wundert sich nicht. In einer vitalen Flora und Fauna, die an eine heutige Greenaway-Bildsprache erinnern, haben selbst

die Toten Angst. Das tote Kind und die tote Katze, zwei unschuldige Wesen und Inbegriffe von Unschuld und Leben tragen die Nicht-Lebenszeit als ihre Maske.
Zweiter Freund: Aber mein Gesicht gehört mir, und man stiehlt es mir fort. Ich war gefühlvoll und habe gesungen, aber jetzt ist da ein Mann, ein Herr wie Sie, der in mir herumgeht mit zwei oder drei vorbereiteten Masken.[63]
...
Braut: Alle gehen geschlossenen Auges am Draht. Ich will Blei an den Füßen haben. Gestern nacht träumte mir, daß die kleinen Kinder durch Zufall wüchsen... Daß die Kraft eines Kusses genüge, sie alle zu töten. Ein Dolch, eine Schere bleiben immer, aber meine Brust überdauert nur einen Augenblick.[64]
Trügerischen Erinnerungen nachgehend, bedecken Lorcas Figuren ihr Gesicht häufig mit den Händen. Mit den Händen, die Lorca so filigran gezeichnet hat, Hände, blutend von blutenden Armstümpfen abgetrennt.
Der Zweite Freund, den Lorca genau beschreibt (*In der linken Tür erscheint der zweite Freund in untadelhaft weißem Wollanzug mit weißen Handschuhen und Schuhen. Der Anzug muß sehr übertrieben geschnitten sein, mit riesigen blauen Knöpfen; weiße Weste und Jabot aus Kräuselspitzen. Wenn es unmöglich ist, daß ein Schauspieler diese Rolle spielt, muß eine mädchenhafte Schauspielerin sie übernehmen.*)[65], ist ein Teil seines Autors, so wie die Masken-Männer in *Das Publikum* ein anderer Aspekt ein und derselben Person. Janushaft sollten sie auf der Bühne erscheinen, weil sie so sind. Das ist keine Frage vordergründiger Kostümierung, sondern von Metamorphosen. Selbst das Mannequin singt keine andalusische Weise, sondern den Tod. Und die Bühne ist ein Wald, in dem jedes Kind vor Angst laufen würde, sich der Geschichten und Träume erinnernd, bis es schreit.

Wald. Große Stämme. In der Mitte ein mit barocken Tapisserien drapiertes Theater mit geschlossenem Vorhang. Eine kleine Treppe verbindet sein Podium mit der Bühne. Wenn der große Bühnenvorhang aufgezogen wird, bemerkt man, wie sich zwei schwarz gekleidete Figuren mit gipsweißen Gesichtern und Händen zwischen den Stämmen bewegen. Eine ferne Musik tönt.
Harlekin erscheint, schwarz und grün gekleidet. In jeder Hand hält er eine Maske hinter dem Rücken und bewegt sich so plastisch wie ein Tänzer: Der Traum schwimmt auf der Zeit dahin, dahin ein leichter Segler.[66]
Natürlich ist der Wald kein Wald und schon gar nicht auf der Bühne. Die Vorstellung von Fremde und Angst, eine Erscheinung.
Der Traum schwimmt auf der Zeit dahin, dahin ein leichter Segler. Zurück zu den alten Fragen, zum Kindsein auch. Eine phantastische Choreographie als Lebens-, als Totentanz. Ein Innehalten und Verwandeln von Blei in Gold. Im südlichen Licht herrscht mittags der Tod. Wenn der Schatten verloren ist, in einem Fest der Farben, bist du fort. Eine Erinnerung.
Jean Gebser geht in seinem Text „Lorca oder das Reich der Mütter" der Frage nach, inwieweit Biographie und Umfeld des Dichters diesen so beeinflußt haben, daß er vor allem Frauen-Figuren für das Theater geschaffen hat. Der junge Federico wurde vor allem von der Mutter, der Großmutter und einer Tante erzogen und fühlte sich mehr von diesen Frauen verstanden als von seinem strengen Vater. Und er wuchs in einer Landschaft auf, der er sich sehr verbunden fühlte. Verständnis und Kontinuität waren Frauensache. Gebser erinnert sich an den Juni 1936, als Lorca ihm sein letztes Stück vorliest und betont, ein Stück nur für Frauen geschrieben zu haben. Das südliche Matriarchat herrschte in den Häusern Spaniens wie anderer

südeuropäischer Länder. Doch „beschwört" Lorca das „Reich der Mütter" oder mystifiziert es nicht. Er kennt es von innen, wohl wahr, aber er weiß auch um seinen Schrecken, die Unfreiheit, die Aussichtslosigkeit vor allem für die jungen Frauen, diesem Reich zu entkommen. Schließlich die Gewalt der Erwachsenen, die ihren Kindern kein anderes Leben ermöglichen, da sie selbst es nicht haben durften. Duckmäusertum und Konformismus, dieses Reich läßt kaum Kritik zu und wenig Sonne ein. Eine nach außen hin stumme Welt, nur leise Stimmen hinter den spanischen Wänden.

Sicher spielen Zeit und Gesellschaft eine zentrale Rolle: der Feudalismus, die abwesenden Väter, die soziale Ungerechtigkeit, das Verheiraten der Töchter um eines materiellen Vorteils willen. Doch Lorcas Stärke liegt in den Figuren, die hiermit brechen, Menschen, die sich nicht mit Zwängen und einer verlogenen Moral abfinden.

In *Bluthochzeit* finden wir alle Elemente dieser Welt vereint. Die Chronik eines angekündigten Todes, wie Jahrzehnte später García Márquez sein Buch nennen wird. Zu anderen Zeiten an einem anderen Ort dieselben falschen Gesetze.

Erster Holzfäller: Man muß dem Weg des Blutes folgen.
Zweiter Holzfäller: Aber Blut, das ins Licht sieht, trinkt die Erde.
Erster Holzfäller: Besser verblutet und tot als lebendigen Blutes verfault.[67]

Zum ersten Mal formuliert Lorca eine eindeutige Anti-Moral.

Seine Kommentatoren haben chorischen Charakter. Wieder tritt sein antinaturalistisches Personal auf:

Mond: Im Äther läßt einsam der Mond auf bleierner Leier ein Messer, das nach den Schmerzen des Blutes

giert.[68] Und wieder hat Lorca eine genaue Vorstellung von seinem Goya-haften Bühnenbild: *Sehr langsam taucht der Mond auf. Die Bühne wird mit starkem blauen Licht übergossen. Plötzlich und unvermittelt hört man zwei lange zerfetzte Schreie, und die Musik der beiden Violinen bricht ab. Beim zweiten Schrei wächst die Bettlerin aus dem Walde und stellt sich mit dem Rücken gegen den Zuschauerraum. Sie öffnet den Umhang und verharrt in der Bühnenmitte wie ein riesiger Vogel mit unermeßlich weit ausgebreiteten Flügeln. Der Mond bleibt stehen. Der Vorhang fällt in absoluter Stille, inmitten absoluten Schweigens.*[69]
Mit lyrischem Pathos, beinahe opernhaft, sieht Lorca dieses Schlußbild. Auf die Frage, welcher Moment ihn im Stück am meisten befriedigt, antwortet er: *Der, in dem Mond und Tod als Elemente und Symbole des Schicksals eingreifen. Der bis zu diesem Augenblick die Tragödie beherrschende Realismus wird gebrochen, verschwindet und macht der poetischen Phantasie Platz, in der ich mich wohl fühle wie ein Fisch im Wasser.*[70]
Geschöpfe des Schweigens[71] nennt die Alte in *Yerma* die Mitmenschen. Ja, Geschöpfe des Schweigens bilden Lorcas Welt.
Yerma: Überall halbe Worte, Gesten, und alles das besagt, daß man nicht wissen soll... So möge Gott mich beschützen.
Alte: Gott? Nein. Mir hat Gott nie gefallen. Wann werdet ihr endlich bemerken, daß es ihn nicht gibt?[72]
Die Frauen, die Unterdrückten, sind sich allein überlassen, den Schutz der Männer, der Machthaber, bekommen sie nur, wenn sie sich total anpassen: ihr einziger Reichtum, ihr Gefängnis der Wünsche, das Haus und die Kinder. Abweichung bedeutet Tod oder bestenfalls Flucht ins völlige Schweigen oder in den Glaubenswahn.

Lorca schreibt wieder ein starkes Schlußbild für diese Frau, deren Leiden körperlich-seelisch waren und nun für sie selbst unbeschreiblich sind.
Der Lärm wird stärker: es kommen zwei Volksmasken. Eine als Mann, eine als Weib. Die Männliche Maske hat ein Stierhorn in der Hand. Beide tragen große Masken. Sie sind keineswegs grotesk, sondern von erhabener Schönheit und ganz erdhaft. Die Weibliche Maske schüttelt ein Halsband mit großen Glöckchen...[73]
Mit Glockenläuten beginnt *Bernarda Albas Haus*. Die Liebe der Bernarda Alba zu ihren Töchtern ist krankhaft genormt, sie selbst leidet darunter, aber kann nicht anders. Sie liebt ihre Töchter und macht ihnen das Leben zur Hölle. Sie projiziert ihre eigene Schuld auf das gesellschaftlich gesehen schuldhafte Verhalten ihrer Tochter. *Adele: Ich mache mit meinem Leib, was ich will.*[74] Das ist im Kern die Wunschaussage Lorcas. Liebe und Anarchie. In endlosen Sommern, zwischen Schnittern, Weizen, Oliven, Eseln und Orangen, jenem Mond und dieser Dürre, der Armut und dem politischen Untergang, zwischen Eros und Qual, Honig und Blut, Familie, Gesellschaft und Individuum, Schweigen, Musik, Sprache und Sprachregelung, Lorcas Aufbegehrende haben ihr Labyrinth erkannt, das bringt Unglück. *Bernarda: Kein Geklage. Dem Tod muß man ins Gesicht sehen. Still! Schweigen habe ich gesagt!*[75]
Das Land, die Gesellschaft, die Familie, das Haus, der eigene Leib werden zum Gefängnis. Den eigenen Körper in den Kampf werfen und das Schweigen brechen, bedeuten hier unglaublichen Mut, großes Riskieren. Einen Schritt hinaus wagen in ein anderes Leben. Das kann doch nicht alles gewesen sein. Eine andere Sprache, andere Bilder brechen mit dem, worin alle sich einig sind. Kein Status quo, die „Utopie" beginnt am eigenen Leib. Das eigene Gefängnis erkennen und

um die Wünsche wissen. Einmal eine andere Welt erschaffen.

Lorca schreibt zahlreiche Puppenspiele, Dramenfragmente und unvollendete Theaterprojekte. *Die Jungfer, der Matrose und der Student*, *Chimäre* und *Buster Keatons Spaziergang* sind drei Beispiele kurzer und komischer Fragmente. Der Autor gibt dem Mann, der niemals lachte, Text:

Buster Keaton: Ich möchte ein Schwan sein. Aber ich kann nicht, wiewohl ich möchte. Denn wohin dann mit meinem Strohhut? Wohin mit meinem Vogelweibchenhals und meiner Moirékrawatte? So ein Unglück![76]

Und der Matrose möchte ein Delphin sein:

Jungfer: Als Kind bin ich immer aufs Rad gestiegen.
Matrose: Und ich auf einen Delphin.
Jungfer: Auch du bist schön.
Matrose: Wenn ich nackt bin.[77]

Alle sind auf der Suche nach Liebe. Buster Keaton in dieser surrealistischen Filmsequenz, die Jungfer zwischen Matrose und Student, und als „Chimäre" im gleichnamigen Ministück geistert sie durch die Vorstellung der Familie, wenn der Vater fort muß.

Die Chimären sind anwesend Abwesende in allen Stücken Lorcas.

Autor: In aller Bescheidenheit möchte ich darauf hinweisen, daß nichts erfunden ist. Engel, Schatten, Stimmen, Leiern aus Traum und Schnee gibt es wirklich.

...

Das einzige, was ihr tut, ist Mittel und Wege zu finden, um nichts zu empfinden... Der Zuschauer ist zufrieden, weil er weiß, daß sich das Stück um ihn nicht kümmert.

...

Doch wie soll man den Geruch des Meeres in einen Theatersaal bringen, oder wie überschwemmt man den Zuschauerraum mit Sternen?

Zuschauer 1: Indem man das Dach abnimmt.[78]
Der „Sommernachtstraum" kommt nicht zur Vorstellung, da eine Theater-Diskussion zwischen Autor (Regisseur) und Publikum inszeniert wird. Mehr Wirklichkeit, bitte, bis draußen Schüsse zu hören sind und die Revolution das wirkliche Theater wird. Doch ist *Komödie ohne Titel* kein Bürgerkriegsstück. Die Befreiung des Theaters vom Naturalismus und die Einbeziehung vom Publikum in den Zauber, in Phantasie und Poesie, die Umkehrung der Bühne, indem Inspizient, Autor und Zuschauer Akteure werden, dieses Stück hat bis heute seine avantgardistische Struktur behaupten können.

Diener: Es war völlig dunkel, und ich bin mit Fischern zusammengestoßen, die mit Bleistiften auf dem Kopf sangen. Dann haben sich Schleier auf mich herabgesenkt, Schleier voller Fliegen, und ein alter Mann sagte mir, das sei Nebel.[79]

Travestie der Wirklichkeiten. Es geht um Liebe, Traum und das Gegenteil von Liebe und Traum. Wer lieben kann, ist empfänglich für den Traum. „Was sonst alltäglich, ohne viel Gehalt, kehrt Liebe um in Idealgestalt", heißt es traurig, schön und wahr im „Sommernachtstraum". Der Konflikt zwischen Einbildung, Liebe, Phantasie und den widersprechenden Kräften, wie dem tödlich gesunden Menschenverstand, wird zum Verwirrspiel. Wer sich darauf einläßt, gerät heillos und heilsam in eine bislang unbekannte mythische Welt. Gegen die Ungerührten, Selbstgefälligen. Wandlungen und das Nachdenken hierüber. Da herrscht vor unseren Augen eine geheimnisvolle Macht, der Liebestraum, und verzaubert den abgebrühtesten Realo. Das Falsche riskieren, dem Absurden sich aussetzen, befähigt, eine eigene Sprache und Welt zu entdecken, jenseits oder besser über und unter der Realität.

„Hatte ich mich darum immer so sehr für die Träume interessiert, die man während des Schlafens hat, weil sie uns zum Verständnis dafür helfen, wieviel Subjektives in der Liebe enthalten ist –, weil wir im Schlafe ein paar Minuten lang leidenschaftlich etwas Häßliches lieben können –, als wären die Träume irgendwelche von irgendeinem Zauberdoktor erfundenen intravenösen Liebesinjektionen, die ebensogut auch solche von Leiden sein könnten. Mit der gleichen Geschwindigkeit verfliegt auch wieder die Suggestion der Liebe, die sie uns eingeflößt haben, und manchmal hat nicht nur die nächtliche Geliebte aufgehört, für uns eine solche zu sein, sondern es verliert sich zugleich auch etwas Kostbares, ein ganz bezauberndes Gemälde aus zärtlichen Gefühlen, aus Wonnen, aus unbestimmt verschwebenden Sehnsuchtsgefühlen. Vielleicht auch durch das grandiose Spiel mit der Zeit hat der Traum mich fasziniert. Hatte ich nicht oft erlebt, daß des Nachts, in einer Minute einer Nacht, weitentlegene Zeiten, die bis in jene ungeheure Fernen zurückgewichen waren, in denen wir nichts mehr von den damals erlebten Gefühlen deutlich zu erkennen vermögen, in rasendem Tempo und von blendender Helligkeit umflossen, über uns hereinbrechen und dank der tiefen Bewegung, dem Schock, der Lichtüberflutung ihrer unmittelbaren Nähe uns alles noch einmal schenken, was sie einst für uns enthalten haben, dann aber, sobald wir erwachen, in wunderbarer Weise entrücken, so daß wir – zu Unrecht übrigens – meinen, dies sei einer der Wege zur Wiederfindung der verlorenen Zeit."
So notiert Marcel Proust.
Der Autor, von Lorca'schen Liebeszweifeln gequält, will wissen, was man nicht wissen kann. Sein Inspizient, ein Mond-Gedicht-Experte, bringt es komisch auf den Punkt:

Inspizient: Aber die Ökonomie? Was wird mit der Ökonomie des Theaters?
Autor: Was meinen Sie mit Ökonomie?
Inspizient: Das ist ein Mysterium, an das ich glaube und das alle vernünftigen Menschen respektieren.[80]

Nach dieser *Komödie ohne Titel* geht Lorca in *Das Publikum* noch einen Schritt weiter. Er travestiert „Romeo und Julia" in surreal-erotische Bilder. Gegen das dumme Foyergerede, Dramaturgen- oder Studenten-Gähnen richtet der Autor seine Figuren und sein Publikum.

Direktor: Was mache ich mit dem Publikum, wenn ich der Brücke das Geländer nehme? Die Maske würde mich verschlingen. Einmal habe ich einen Menschen gesehen, der von der Maske verschlungen wurde.[81] An der Wand im Zimmer des Schauspieldirektors soll der Abdruck einer großen Hand zu sehen sein, und die Fenster seien Röntgenbilder: Diese Anweisung Lorcas erinnert an jene Theorie Leonardo da Vincis von der Imagination beim Betrachten einer Mauerwand. Plötzlich wird etwas sichtbar. Hinter spanischen Wänden finden in *Das Publikum* allerlei Maskeraden statt, doch nicht die Perücken und falschen Bärte initiieren das Verwirrspiel, die Sprache Lorcas lockt in eine andere Welt. Romeo wird zum Vogel oder Salzkorn und Julia zum Stein oder zur Landkarte. Gestalten in Weinlaub oder Schellen verwandeln sich in Mondfisch und Messer. Es beginnt geradezu ein Wettbewerb der Verwandlungen. Dazwischen hütet ein Hirt die Masken. Ein diabolisches Vergnügen, bis zum Schluß es weiße steife Handschuhe regnen wird. Wer ist Romeo und wer Julia, wer das Publikum? Mann 1 und Mann 2 spielen miteinander wie Herr und Hund in „Warten auf Godot", doch lauern hier hinter den Masken der nackte Körper, Sex, Gewalt und pure Unterdrückung.

Wenn es nur Masken gibt, wird das Dahinter immer gefährlicher. Auch die Liebe.
Mann 1: Ich habe solange mit der Maske gekämpft, bis ich dich nackt sah.[82]

IX.

DIE PEIN IST EINE ART TIEFER, INNERER SCHATTEN

Die Pein ist eine Art tiefer, innerer Schatten

In den *Zigeunerromanzen* schreibt Lorca Frauenfiguren eine Protagonistenrolle zu. Es geht um „la luna", die Pein, Zigeunerinnen, untreue oder betrogene Frauen, Preciosa, die Heilige Eulalia und um die Angst der Kinder, um Tod und seine Boten in Gestalt von Carabineros in schwarzen Capas oder die Guardia Civil. Lorca schildert die Gesellschaft der Zigeuner als gesellschaftlichen Fokus Spaniens in Bezug auf politische Unterdrückung. Ihnen widerfährt eindeutig Unrecht. Immer wieder kommt es zu blutigen Auseinandersetzungen untereinander, und meist finden die Szenen in der Natur statt. Ja, man muß Szenen sagen, da diese Gedichte voller theatralischer Handlung sind. Hier verbindet Lorca seine frühe Lyrik, Gedichte über die Schönheit und Armut Andalusiens, mit seiner frühen Dramatik, mit dem ihm von Anfang an eigenen Blick auf das individuelle Leben und Leid. Die Zwiesprache mit der Natur ist Ausdruck einer Lebensart, die auch in der Stadt, in Granada zum Beispiel, zu finden ist. Hier ist die Natur zu riechen und zu hören mit dem Wind oder im Wasserspiel der zahlreichen Brunnen, Kirchen, und ihre Heiligen wachen über das stille Córdoba oder Sevilla, doch die Stille ist so trügerisch wie die Zigeuneridylle. Lorca beschreibt Mord, Verfolgung und Diskriminierung an ganz konkreten Schicksalen. Die Zigeuner werden gemieden, an den Stadtrand in die Armut gedrängt, und die sogenannten Ordnungshüter gehen willkürlich gegen sie vor. Und wieder zeichnet der Autor einzelne als Passionsfiguren, ihre Schönheit, die Schönheit ihrer gequälten Körper.

Schwarze Pferde. Schwarze Eisen. / Auf den Capas glänzen Flecken, / die von Tinte sind und Wachs. / Ihre

Schädel sind aus Blei, / darum weinen sie auch nie. / Ihre Seelen sind aus Lack –[83] Die *Romanze von der spanischen Guardia Civil* ist nicht nur aus poetischen oder historischen Gründen so berühmt: beide Aspekte gelten noch heute. Poesie und politischer Gehalt haben nichts an historischer, literarischer Gültigkeit verloren, die *Romanze von der spanischen Guardia Civil* lebt weiterhin in Spanien. Bilder von Angst und Schrecken, die Zivilgardisten stehen für Diktatur damals wie für politische Unterdrückung und Willkür heute. Was sich in diesen Zeilen gegen die Zigeuner richtet, richtet später den Autor dieser Wahrheit selbst. Mord, Vergewaltigung, Vertreibung Andersdenkender, Rassenwahn. *Die Zivilgardisten reiten / fort durch einen Schweigetunnel, / während Flammen dich umzüngeln.*[84] Das Unrecht an Zigeunern und Frauen steht für das Unrecht an den Schwächeren. Lorca wählt für diesen brisanten Themenkomplex die Sprache der Volksdichtung, damit jeder sein eigenes Interesse an der untergehenden Kultur der Zigeuner in Spanien entdecken kann. Einer Kultur, die sich hier seit Mitte des 15. Jahrhunderts ansiedelte, mit einem Unrechtsbewußtsein formuliert, das sie Partei für die Ausgegrenzten ergreifen ließ.

Ich bin dabei, die Zigeunerromanzen abzuschließen. Neue Themen, neue und alte Anstrengungen. Die Guardia Civil zieht kreuz und quer durch ganz Andalusien. Ich wollte, ich könnte dir die erotische Romanze von „Der untreuen Frau" oder „Preciosa und der Wind" vorlesen. „Preciosa und der Wind" ist eine Zigeunerromanze nach einem von mir erfundenen Mythos. In diesem Teil des Romanzero versuche ich, das Zigeuner-Mythologische mit dem ganz und gar Gewöhnlichen der heutigen Tage in Einklang zu bringen. Was dabei entsteht, ist sonderbar, aber, wie ich glaube, von einer neuen

Schönheit. Ich möchte erreichen, daß die Bilder, die ich von diesen Typen entwerfe, von diesen verstanden werden, daß sie Visionen der Welt sind, die sie erleben...[85], schreibt Lorca in einem Brief an Jorge Guillén. Lorca sieht das Zigeunerische als Maske des Andalusischen, als ein Tabu, was das Innerste verdeckt. Zwischen Orient und Okzident siedelt der Autor seine arabeskenhaften, lyrischen Chroniken an. Volkstümlich, aber nie einfach spontan, sondern in Rhythmus, Metaphorik, lyrischer Tradition sind diese Gedichte Zeugnisse größter Könnerschaft. Lorca besingt die Natur und die sie durchziehenden Zigeuner als Teil ihrer selbst. Er schreibt den Mythos einer zwecklosen Schönheit voller Melancholie. Auch die erotischen Geschichten spiegeln eine Trauer wider, einen Schmerz daran, die Liebe nicht leben zu können. Lorca entdeckt für sich als Dichter das, was er sowieso glaubt tragen zu müssen: die Maske.
Von Anfang bis zum Ende füllt eine einzige Persönlichkeit das Buch. Diese Persönlichkeit ist die Pein, die nichts mit der Traurigkeit, dem Schmerz oder etwa der Verzweiflung zu tun hat. Die Pein ist eine Art tiefer, innerer Schatten. Sie ist eher himmlisch als irdisch.[86]
Der Dichter erfährt in New York die neue Welt. Auf der einen Seite genießt er die Freiheit in der Anonymität und auf der anderen Seite sieht er sich selbst immer noch so gefangen in diesem Körper voller Bedenken, moralischer Beengung und regressivem Sehnen nach einer Kindheit und archaischen Welt, deren schmerzhafte Grenzen auch Schutz bieten konnten.
Sie hassen den Pfeil ohne Leib, / das pünktliche Tüchlein des Abschieds, / die Nadel, die Druck wahrt und Rose / im grasigen Schamrot des Lächelns. // Sie lieben das einsame Blau, / den unschlüssigen rindischen Ausdruck, / den täuschenden Mond der Pole, / den Krümmtanz des Wassers am Ufer. //[87] Lorca malt nicht

schwarz-weiß, seine Verallgemeinerungen lesen sich als ironisch-bittere Texte eines, der die Normen selber am eigenen Leib zu spüren bekommt. *Norm und Paradies der Neger* ist eine kritische Hymne auf die Welt zwischen Liebe und Haß. *Mit Wissen um Stamm und um Fährte / erfülln sie den Lehm mit leuchtenden Nerven / und schlüpfen mit Glätte durch Sand und durch Wasser / und kosten die bittere Frische ihres tausendjährigen Speichels. //*[88] Körper und Intellekt befinden sich im Kampf mit der eigenen und fremden Welt, mit der Geschichte, der Schönheit und dem Können. Die Welt farbiger Nomaden. Das Paradies, das es vielleicht nie gab und nie gibt, ist zuvor untergegangen. *Dort ists, unterm schlemmenden Gras, / wo die Torsen träumen. / Dort saugen der Tinte Verzweiflung ein die Korallen, / löscht aus, wer da schläft, sein Profil unter den Strähnen der Schnecken, / und das Hohl des Tanzes bleibt auf den letzten Aschen.*[89] Auch an den eigenen Normen, dem eigenen Haß.

Lorca erlebt die Gewalt auf den Straßen New Yorks und vor allem die Gewalt Schwarzen gegenüber und unter ihnen. Seine Sprache wird expressiver in der bislang geschaffenen Metaphernwelt. Hier ist der Mond kalt und präsent, die Nacht, das Kreuz, Tiere, Spiegel und Masken, Farben und Pflanzen machen Harlem aus. Und immer wieder das Blut, das an den Stadtstraßen brandet. Harlem, ein vermummtes Babel aus Sprachen, die der spanische Dichter zu verstehen und zu preisen versucht. Er bewegt sich staunend und fliehend durch das ihn faszinierende, abstoßende Kabinett der Großstadt. Und zugleich sicher in der Welt ihrer Dichtung. Auch wenn er hier seine Kirchen und Häuser verlassen vorfindet, die Soldaten, die Uniformierten, ihre Gesichter erkennt er sofort wieder. „Ich bin wieder da, wo ich niemals war."[90]

Die große Maske! Seht die große Maske an! / Wie die von Afrika kommt nach New York![91] Die Natur ist nicht nur gebändigt worden, Lorca beklagt ihre Zerstörung. Als einer der ersten setzt er sich für Natur und Kultur der Dritten Welt ein und engagiert sich politisch. Er polemisiert gegen eine Welt, in der nur noch das Kapital zählt und nur, wer Gewinn macht. Diese neue Kirche übt eine gnadenlose Diktatur aus und herrscht ohne Rücksicht auf Verluste. Menschen ohne Dach über dem Kopf und ohne Arbeit in der Stadt der Wolkenkratzer und Börsen. Und – ähnlich wie bei Walt Whitman – gibt der Glaube an die letztendlich über die Abarten der Zivilisation obsiegende Natur in diesen apokalyptischen Zeilen Halt.

Lorcas Sprache wird drastischer. Das Jahr 1929/30 in New York bestärkt ihn, die Fülle von Bildern, Eindrücken, Ängsten und Träumen, von Wahrnehmungen auf den Straßen oder Reisen, direkter und freier umzusetzen. Die verschiedenen Völker und Rassen, die alltägliche Gewalt vor aller Augen, das scheinbar freiere Leben geben dem Dichter neue Kraft, aber – wie man aus seinen Aufzeichnungen weiß – er findet sich hier nicht zurecht. Ihm fehlt die südliche Natur und Landschaft. Alles scheint beliebig, und die Gesetze des Chaos machen ihm Angst. Auch die Lust, bezaubernd und gefährlich zugleich, die schneller gelebt werden kann, stößt ihn ab. *Zerbrochen alles um die Nacht, / die ihre Beine spreizt auf den Terrassen. / Zerbrochen alles um die lauen Rohre / an einer fürchterlichen Quelle ohne Laut. / O Leute, einfältge Weibchen und Soldaten! / Man wird wohl durch der Toren Augen reisen müssen, / durch freie Felder, darin bezauberte und zahme Kobras pfeifen, / Landschaften voller Gräber, die allerfrischste Äpfel in das Leben rufen, / damit das maß- und grenzenlose Licht herniederkomme, / vor dem die*

Reichen hinter ihren Lupen schaudern, / den Ruch nur eines einzigen Leibs mit doppeltem Gefäll von Lilie und Ratte, / daß diese Leute brennen mögen, die pissen können rund um ein Stöhnen oder / auf die Kristalle, den Inbegriff der Wellen, die nie wiederkehren.[92] Lorca, der Experte des Hauses, fühlt sich wie ein Seemann, dessen Zuhause das Meer ist und der hier die Welt am Himmel sieht, die skyscraper und die Gerüste, Avenues und Vorortstraßen; und die alte Welt in den Gesichtern und Augen ihrer Bewohner. Gute, alte Stadt. Diese Welt ist übervoll und leer zugleich, sie schläft nie und hat keine Zeit für Träume. Doch Schmerz gibt es und, als sei sie omnipräsent, die sich überall anbietende Liebe. *Ich habe viele Male mich verloren / auf meiner Suche nach der Wunde, welche brennt und wach die Dinge hält, / und hab Matrosen nur gefunden, auf die Geländer hingestreckt, / und kleine Himmelskreaturen, unterm Schnee begraben. / Der wahre Schmerz indes, der war an andren Orten, / wo die Kristall gewordnen Fische in der Bäume Stämmen sich zu Tode quälten; / Plätze des Himmels, der fremd den wohlbehaltenen antiken Statuen ist, / und fremd der zärtlichen Vertraulichkeit auch der Vulkane.*[93]

Die Szenen, poetisch und überhöht, sind wieder Passionsszenen. Lorca beschreibt Körper und ihre Unterdrückung, die Gewalt, die sie – meist unschuldig – erfahren müssen. Die Schwarzen, Juden, Kinder und Frauen, Menschen ohne Arbeit und Wohnung, Lorca interessieren die Opfer.

Seine poetische Welt reibt sich mit der New Yorks: *Zwischen beiden stehen die traurigen Völker Afrikas und seines Umkreises, verloren in Nordamerika. Die Juden. Die Syrer...*[94]

Zur Wallstreet, die durch Kälte und Grausamkeit beeindruckt. Hierher strömt das Geld aus allen Teilen der

Erde, und mit ihm kommt der Tod. Nirgends auf der Welt spürt man so wie hier die absolute Abwesenheit des Geistes; Herden von Männern, die nicht bis drei, und Herden von Männern, die nicht bis sechs zählen können; Mißachtung der reinen Wissenschaft und dämonische Wertung der Gegenwart.[95]
Der Himmel schluckt alles. New York, die große Lüge, das *Senegal mit Maschinen... Sie haben Häuser über Häuser gebaut, aber sie sind nicht in die Tiefe gedrungen...*[96] Die moderne Welt mit ihren Maschinen, ihrem Tempo und ihrer Architektur läßt Lorcas Blick zurückschweifen, die Urkonflikte kommen hier besonders brutal zum Ausdruck. Entfernt er sich von der Stadt, klingen seine Gedichte depressiver. Die Heimatlosigkeit seiner Liebe macht ihn tief unglücklich, *weil ich nicht Mann, nicht Dichter bin, nicht Blatt – / ... / Im Labyrinth von Paravents ist meine Nacktheit, die entgegengeht / dem Mond der Strafe und der aschenstaubbedeckten Uhr.*[97] Gedichte von Einsamkeit, Krankheit, Tod und der Unmöglichkeit, seine Liebe zu leben, versammelt er in den letzten Kapiteln. Hier wird seine Sprache wieder ruhiger, sich selbst vertrauter.
Hüt deine Füße, meine Liebe, deine Hände!, / denn ich muß mein Gesicht ausliefern, / mein Gesicht, mein Gesicht!, ach, mein zugrund gerichtetes Gesicht! // Dies reine Feuer für mein Wünschen, diese Verwirrung aus dem Drang nach Gleichgewicht, / der unschuldige Schmerz von Heftigkeit in meinen Augen, / wird eines andren Herzens Angst verringern, / das von den Nebelwolken ward verschlungen.[98]
Lorca kehrt in die Stadt zurück, das poetische Triptychon schließt sich. Stadt – Land – Stadt. Auf der Suche nach ihren Wurzeln besucht er einen jüdischen Friedhof und findet dort zwischen Christen und Nicht-Christen zurückblickend und – denkt man an

den 2. Weltkrieg und die Judenvernichtung – visionär die Stätte der Opfer. Eine verlogene Welt offenbart ihre Wahrheit. Schließlich die *Ode auf Walt Whitman*. Lorca beschwört Whitmans Welt, die Welt einer männlichen Schönheit und mann-männlichen Liebe. Hier ist sie möglich und ohne Moral. Die Orte der Liebe, Felder, Bars, Verstecke. *Todkampf, Todkampf, Traum, Gärung, Traum. / Das ist die Welt, Freund, Todkampf, Todkampf. / Und der Städte Uhren zergehn die Toten, / vorüber, weinend, mit Millionen grauer Ratten zieht der Krieg, / die Reichen geben den Geliebten ihrer Nächte / kleine dem Tod Verfallne, die von Gott erleuchtet, / und edel ist das Leben nicht, nicht gut, nicht heilig. // Der Mensch kann, wenn er will, wohl führen sein Begehr / durch Adern aus Koralle oder Nacktheit, welche himmlisch. / Es werden, die sich lieben, morgen Felsen sein, / und eine Brise wird, die schläfrig durch die Zweige säuselt, sein die Zeit.*[99]
Diese untergehende Welt eines Eros, den Walt Whitman besungen hat, erlebt Lorca in Kuba auf seine für ihn sehr vitale Weise. Doch schreibt er kaum hierüber. Der Schatten New Yorks, die Schatten der eigenen Liebe und die Wahrnehmung des Unsozialen bleiben seine Themen. Er beschreibt diese Stadt nicht äußerlich, er geht nach innen, in die Tiefe, die sie selbst – wie er meint – negiert. *Nichts, das poetischer oder schrecklicher wäre als der Kampf der Wolkenkratzer mit dem sie bedeckenden Himmel... Schnee, Nebel und Regen umreißen, bedecken und nässen die riesigen Türme; die aber, blind für jedes Spiel, verleihen ihrem kalten Willen, dem Feind jedes Geheimnisses, Ausdruck und schneiden dem Regen die Haare ab oder lassen ihre dreitausend Schwerter durch das zarte Schwanengefieder des Nebels sehen.*[100]

X.

ICH WILL, DU SOLLST UM MEINE QUALEN WISSEN

Ich will, du sollst um meine Qualen wissen

Ich gehe auf eine lange Reise... ich will die ekstatische Welt besuchen, wo alle meine Möglichkeiten und verlorenen Landschaften wohnen. Ich will kalt, aber scharfen Sinnes den Garten der nicht aufgegangenen Samenkörner und der blinden Theorien betreten auf der Suche nach der Liebe, die ich nicht bekam, die aber mein war...[101] Im Sommer 1923 arbeitet Lorca an Suiten in der Tradition seiner *Dichtung vom Cante Jondo*, die er 1920 unter dem Einfluß Manuel de Fallas begonnen hatte. Er schreibt über verspielte Möglichkeiten der Liebe und die ungeborenen Kinder. Ganz bewußt thematisiert er seine Homosexualität und seine endgültige Entscheidung hierfür.

In den *Gedichten vom tiefinnern Sang* führt Lorca eine Tradition fort, die de Falla ihn gelehrt hat. Gesänge der katholischen und byzantinischen Kirche, Gesänge der Araber und der Zigeuner mischen sich hier zu einer andalusischen Form. De Falla macht in ihr nordafrikanische, jüdische und auch slawische Wurzeln aus. Er übernimmt dabei historische Vorbilder der Zigeuner, die indischen Ursprungs seien, verknüpft kompositorisch die römische Liturgie mit byzantinischem Gesang und erfindet eine Art maurische Musik in Granada. Lorca schreibt Texte zu Klängen, die bislang nicht gesellschaftsfähig waren, da sie nur in Spelunken zu hören waren. Er sucht mit dem Traditionalisten de Falla nach etwas Neuem, Unvorhergesehenem. Er benennt Klänge, die aus der Tierwelt kommen, nächtliche Schreie und die Geräusche des Windes oder Wassers. Voll lyrischem Pathos befragt der Dichter die Natur und schreibt ihren Wesen eigene Persönlichkeit zu. Die Gitarre soll der individuellen Stimme folgen, und die Gesänge klingen wie Wehklagen über das

Opfern der Liebe. In seinem Vortrag *Der Cante Jondo: Andalusischer Urgesang* weist er den Sänger an: *Er hat ein tiefreligiöses Gefühl für den Gesang. Man singt ihn in den dramatischsten Augenblicken und nie, um sich zu unterhalten – ebensowenig wie bei den großen Leistungen des Stierkampfes –, sondern um zu fliegen, zu entrinnen, zu leiden und dem Alltäglichen höchste ästhetische Atmosphäre zu geben. Die Art bedient sich dieser Menschen, um ihren Schmerz und ihre der Wahrheit entsprechende Geschichte verströmen zu lassen. Sie singen geblendet von einem strahlenden Punkt, der am Horizont zittert. Sie sind sonderbare Leute, einfache Medien, lyrische Gipfel unseres Volkes.*[102] In diesen frühen Texten finden wir bereits die Themen Lorcas, ihre Metaphern und Masken, ihre Dramatik, wie auch das Tragisch-Komische. Er besingt sein Land, seine Wurzeln und entdeckt seine ersten Figuren: die Zigeuner, die alleinstehenden Frauen, die Betrogenen, die Kinder, die Mörder und Toten. Und er besingt die Klänge der Gitarre und des Schmerzes. *Eines Schreis Ellipse / geht von Berg / zu Berg. // Und wird vom Ölhain an / ein schwarzer Regenbogen / auf der azurnen Nacht.*[103] Er zeigt die Verbindung zwischen Mensch und Natur auf und seinen Glauben an ein alles umfassendes Lebens-Gebilde aus Himmel, Erde und Licht. Er preist das Geheimnis und beklagt die Verlorenheit des einzelnen. *Die Labyrinthe, / die zeiterschaffnen, / zergehn ins Nichts.*[104] Das sind keine Idyllen, eher die Klagen um den Verlust von Menschen, von Gerechtigkeit und Glauben.

Die Indifferenz der Mitmenschen, Ignoranz und Ausbeutung, Unterdrückung der Wünsche und politische Ungerechtigkeit, Macht und Ohnmacht, das Leiden an gesellschaftlichen Normen und Tabus, die Diktatur des Geldes, der fehlende Glaube, der Liebestod, die Abwesenheit von Liebe, Untreue und Gewalt, Lorcas dramatische Themen durchziehen auch seine Lyrik. Sein falangistischer Denunziant soll über ihn gesagt haben: „Er hat mit seiner Feder mehr Unheil angerichtet als andere mit der Pistole", schließlich benannte sein Opfer die Täter: Polizei, Klerus und Mitläufer. Mit Leichtigkeit, Sprachspiel und großer Musikalität verbindet Lorca volkstümliche Lyrik mit sozialkritisch-politischer Literatur. Er engagiert sich bildungspolitisch für die unterdrückte Landbevölkerung und übt erste Kritik am aufkommenden Industriekapitalismus. Lorcas Freund Pablo Neruda schreibt: „Gut gewählt haben sie, die seine Rasse ins Herz treffen wollten, als sie ihn erschossen. Sie haben gewählt, um Spanien zu beugen und zu peinigen, es in seinem raschesten Duft zu erschöpfen, es in seinem heftigsten Atem zu zerbrechen." Wie die Bombardierung von Guernica bleibt die Ermordung Federico García Lorcas bis heute eine traumatische Erinnerung an die Greuel des spanischen Bürgerkrieges. Dieser Tod war eben kein zufälliger, und dieser Dichter ist ein in seiner Wirkung sehr politischer Autor. Auf dem Weg zu sich selbst bekennt er sich zum republikanischen Spanien. Nach dem ersten großen Publikumserfolg mit *Bluthochzeit* erlebt der gefeierte Dramatiker mit *Yerma*, am 29. 12. 1934 von Margarita Xirgu in Madrid uraufgeführt, seinen ersten Theaterskandal. Im kommenden Jahr inszeniert er selbst Lope de Vegas „Peribañez" und feiert die 100. Aufführung von *Yerma*. Seine Frühwerke werden gespielt, und die *Zigeunerromanzen* werden zum meistverkauften lyrischen Werk in diesem Jahrhundert.

Lorca wurde von einigen wenigen ermordet. Doch die Schuld an seinem Tod trägt eine faschistische Gesellschaft, die – katholisch verlogen – alles haßt, was anders oder schwach zu sein scheint. Lorca, der große Imaginist, entwickelt in seinen Werken seinen eigenen

Ton. Maurisch-andalusischer Herkunft wird dieser Ton mehr und mehr stilisiert und nimmt Afrikanismen und eben das Maurische auf. Er gehört der „Generation von 27" an neben Vicente Aleixandre, Jorge Guillén, Pedro Salinas, Luis Cernuda, Dámaso Alonso, César Vallejo und Pablo Neruda. Rafael Alberti hat ihm ein Gedicht gewidmet: „dem Dichter, der, erst achtunddreißig Jahre alt, von Faschisten ermordet wurde, während ich dreitausend Jahre alt geworden bin."
Patenschaft, memento andaluz, Spanische Hand, Virgen de la Esperanza, Devotionalien aus Granada, Todesurkunde Federico García Lorca, Dichter tötet man nicht, Viva la muerte, Schauplatz Fuente Grande, Guardia Civil, Camisa vieja, Kreuze schlagen, Feldgottesdienst, El campo, Sandsteinengel, Fundstücke, El paseo, Madonna, Ainadamar – Quelle der Tränen, Spanischer Nachlaß, Andalusisches Epitaph, Relikte, Spiel von Sand und Mond, Spanische Mauer, Schatten und Stein, Sol y sombra.[105]
Lorcas Orte bieten keine Heimat, die Körper keinen Halt, und die Liebe findet nur in der Imagination Erfüllung. Er führt uns von Schatten zu Licht, wo Träume Wirklichkeit zu sein scheinen und Chimären, leichte Gebilde aus Farben, Klängen und Sehnsüchten zugleich ins Orphische zurückkehren wollen. Trugbilder sind willkommen und Rätsel Realität. Die Verbindung von Haus und Natur, den Welten über und unter der Welt läßt unvergängliche Mythen im Phantastischen aufscheinen. Wie in einem Requiem feiert Lorca das dunkle Leuchten in uns. Die Gleichzeitigkeit von Moderne und Archetypik wird zum Plädoyer für die individuelle Wahrnehmung gegensätzlicher Realitäten und Poesien. Er rettet Geheimnisse, ohne sie zu verraten.
In dem Zyklus *Sonette der dunklen Liebe* spiegelt sich seine Liebe zu Rafael Rodríguez Rapún und verbindet

sich – wie im *Diwan des Tamarit* – Liebe mit Tod. Das Dunkle hat nichts mit eitler Verzweiflung zu tun. „Geh in der Verwandlung aus und ein", schreibt Rilke in den „Sonetten an Orpheus". Der Übergang in eine andere Welt muß nicht im Tod enden. Die andere Welt kann auch der Traum von Freiheit und Liebe sein. Den streng-geformten, intensiven Liebesgedichten folgt der *Diwan des Tamarit*. Lorca verbindet zwei arabische Gedicht-Formen, die „Gaselen" mit den „Kassiden", und entwickelt diese arabischen Versformen weiter.

Zwischen Gips und Jasmin war dein Blick / ein fahles Büschel Samen. / In meiner Brust sucht ich für dich / die Elfenbeinlettern, die sagen immer. // Immer, immer: Garten meiner Agonie, / dein Leib auf der Flucht für immer, / das Blut deiner Adern in meinem Mund, / dein Mund ohne Licht schon für meinen Tod.[106]

Nackt dich sehen heißt die Begierde verstehen / des Regens, der zarten Wuchs ersehnt; oder das Fiebern des Meeres mit dem unermeßlichen Antlitz, / das doch niemals den Glanz seiner Wange findet.[107] Das letzte der *Sonette der dunklen Liebe* trägt den Titel *Der Dichter sagt die Wahrheit* und beginnt mit dem erklärten Willen Lorcas: *Ich will, du sollst um meine Qualen wissen.*[108]

Lorca, der Experte der Ohnmacht, zeigt und karikiert uns die Welt der Unmenschen. Er stellt sie in seinen phantastischen Kosmos und gewinnt gegen Ende seines jungen Lebens eine enorme Freiheit in letzten Texten. 1935 trifft er noch einmal seinen Freund Salvador Dalí, den er sieben Jahre lang nicht gesehen hatte. Er will nach Mexiko reisen und ist voller Pläne für neue Theater-Projekte und hat die Hoffnung, daß endlich auch seine sehr riskanten Stücke wie *Komödie ohne Titel* und vor allem *Das Publikum* gespielt werden.

Doch er bleibt in Spanien, und die immer grausameren Zeiten holen ihn und sein Werk ein. Er wird ermordet und sein Tod und sein Werk für Jahrzehnte tabu.

„Der Kopf ist im Rausch verkappt – wie mit einer Kappe verblendet. Berauschung ist nicht Kopflosigkeit, sondern verkappte Nüchternheit. In der antiken Mythologie ist einzig der Gott des Rausches selbst, ist nur Dionysos kopflos dargestellt worden: das Ungeheure in Person – oder vielmehr gerade nicht mehr personifiziert, sondern bloß noch Maske, hinter der sich nichts mehr verbirgt. Bei den sterblich Berauschten – mag sein unsterblich Verliebten – gibt es alles nur zusammengesetzt und nichts in völliger Reinheit. Ganz im Innern des ekstatischen Feuers wird es kühler. In der Maßlosigkeit des Verlangens brennt der Wunsch nach Stille", schreibt Gert Mattenklott in seinem Buch „Der übersinnliche Leib".

In Lorcas Texten treffen Verkappte auf andere und auf sich selbst. Spielerisch, komödiantisch, närrisch und allemal dramatisch leben sie in Liebe und Anarchie. Die Liebe zu einem Mann oder einer Frau, zu Gott und der Natur, zur phantastisch-beängstigenden Traumwelt des anderen Ich, das hinter der Maske mit ihr zusammenlebt. Die Liebe zu dieser Maske auch führt sie zu sich und in eine mögliche, unmögliche Befreiung. Lorcas Verfahren ist keine geschlossene Methode. Er sucht in diesen Gefängnissen und Körpern die Utopie einer Schönheit und Koexistenz. Für ihn ist diese andere Welt in Träumen und in den Künsten bereits da. Hier gewinnt sie ihren Ausdruck. Und verliert gegen die Geschichte. Dabei erweist sich Lorca weniger als der gute Mensch von Granada, nicht als verlorener Moralist, sondern als phantastisch Beunruhigender, der seinen de Sade gut kennt: „Alles ist Paradies in der Hölle."

Lorca ist offen für die Sprache aller Menschen und für die verborgenen, verdrängten Sprachen in uns. Ihn interessiert nicht die akademische Welt der Sprach-Hüter. Die alte Verbindung von Sprache und Musik, Volks-Sprache und Musik, Kinderreime und Spiele, die nationalen Sprach-Traditionen mit kulturellen Einflüssen aus anderen Welten führt er in seine neue Sprach-Welt über. Er spricht das Unsagbare an, dessen Dechiffrierung fragwürdig bleibt. Zurückgeworfen in die Geschichte und Ängste schützt er mit seinen Worten die Geheimnisse seiner poetischen Welt. Auf Dalís Bild „Honig ist süßer als Blut" sieht man seinen Kopf abgeschlagen zwischen Kadavern, erotischen Leibern, Chimären und Gespinsten in einer südlichen Traum-Landschaft. Dalí zeigt es: *Ich will, du sollst um meine Qualen wissen.*

Nachweise

1 Federico García Lorca, Briefe an Freunde, Frankfurt 1966, S. 166
2 FGL, Granada, Zürich 1954, S. 13
3 FGL, Granada, a.a.O., S. 9
4 FGL, Granada, a.a.O., S. 13/14
5 FGL, Briefe, a.a.O., S. 127
6 FGL, Granada, a.a.O., S. 13
7 FGL, Briefe, a.a.O., S. 78
8 FGL, Briefe, a.a.O., S. 123
9 Salvador Dalí, aus: Dalí Lorca Buñuel. Aufbruch in Madrid, Stuttgart 1993, S. 7
10 Salvador Dalí, a.a.O., S. 10/11
11 Salvador Dalí, a.a.O., S. 12
12 Salvador Dalí, a.a.O., S. 14
13 FGL, aus: Dalí Lorca Buñuel, a.a.O., S. 6
14 Salvador Dalí, a.a.O., S. 22
15 Salvador Dalí, a.a.O., S. 23
16 Salvador Dalí, a.a.O., S. 26
17 Salvador Dalí, a.a.O., S. 35
18 Salvador Dalí, a.a.O., S. 39
19 Salvador Dalí, a.a.O., S. 63
20 Luis Buñuel, aus: Dalí Lorca Buñuel, a.a.O., S. 104/105
21 Luis Buñuel, a.a.O., S. 107
22 Luis Buñuel, a.a.O., S. 121
23 Salvador Dalí, aus: Conroy Maddox, Salvador Dalí. Exzentrik und Genie, Köln 1983, S. 70/72
24 Sigmund Freud, aus: Conroy Maddox, Salvador Dalí, a.a.O., S. 77
25 Rolf Blaeser, Federico García Lorca als Zeichner, Köln 1986, S. 47
26 FGL, aus: Rolf Blaeser, FGL als Zeichner, a.a.O., S. 58-61
27 Salvador Dalí, aus: Rolf Blaeser, a.a.O., S. 66
28 Kirk Varnedoc, Cy Twombly, München
29 FGL, Briefe, a.a.O., S. 77/78
30 FGL, Briefe, a.a.O., S. 89/90
31 André Breton, aus: Das grausame Spiel. Surrealismus in Spanien 1924-1939, Stuttgart 1995, S. 18
32 Salvador Dalí, aus: Das grausame Spiel, a.a.O., S. 45
33 Eduardo Westerdahl, aus: Das grausame Spiel, a.a.O., S. 46
34 Peter Weiss, aus: Das grausame Spiel, a.a.O., S. 52
35 FGL, aus: Das grausame Spiel, a.a.O., S. 61
36 Pablo Picasso, aus: Das grausame Spiel, a.a.O., S. 340
37 FGL, Briefe, a.a.O., S. 88
38 FGL, Über Dichtung und Theater, Frankfurt 1974, S. 84

39 FGL, Briefe, a.a.O., S. 201
40 FGL, Briefe, a.a.O., S. 197
41 FGL, Friefe, a.a.O., S. 132
42 FGL, Granada, a.a.O., S. 37
43 FGL, Briefe, a.a.O., S. 207
44 FGL, Über Dichtung und Theater, a.a.O., S. 63
45 FGL, Über Dichtung und Theater, a.a.O., S. 70
46 Salvador Dalí, aus: Das grausame Spiel, a.a.O., S. 317
47 FGL, Briefe, a.a.O., S. 163
48 FGL, Bilder und Texte, Frankfurt 1986, S. 10/11
49 FGL, Über Dichtung und Theater, a.a.O., S. 68
50 FGL, Briefe, a.a.O., S. 176
51 Die wundersame Schustersfrau, aus: FGL, Die dramatischen Dichtungen, Frankfurt 1972, S. 111
52 FGL, Die wundersame Schustersfrau, a.a.O., S. 112
53 Barloewen, Clown, zur Phänomenologie des Stolperns, Oxford, S. 81
54 FGL, Tragikomödie des Don Cristóbal und der Doña Rosita, Frankfurt 1992, S. 8/9
55 Doña Rosita bleibt ledig, aus: FGL, Die dramatischen Dichtungen, a.a.O., S. 386
56 Doña Rosita bleibt ledig, a.a.O., S. 388/390
57 Leonardo da Vinci, Anatomische Zeichnungen, Hamburg 1979
58 In seinem Garten liebt Don Perlimplín Belisa, aus: FGL, Die dramatischen Dichtungen, a.a.O., S. 145
59 In seinem Garten liebt Don Perlimplín Belisa, a.a.O., S. 147
60 In seinem Garten liebt Don Perlimplín Belisa, a.a.O., S. 143
61 René Magritte, aus: Thomas Wagner, Die Dinge aufheulen lassen, Belgien feiert René Magritte mit einer Retrospektive, FAZ vom 13. 3. 1998, S. 37
62 Sobald fünf Jahre vergehen, aus: FGL, Die dramatischen Dichtungen, a.a.O., S. 164
63 Sobald fünf Jahre vergehen, a.a.O., S. 181
64 Sobald fünf Jahre vergehen, a.a.O., S. 188
65 Sobald fünf Jahre vergehen, a.a.O., S. 179
66 Sobald fünf Jahre vergehen, a.a.O., S. 200
67 Bluthochzeit, aus: FGL, Die dramatischen Dichtungen, a.a.O., S. 264
68 Bluthochzeit, a.a.O., S. 266
69 Bluthochzeit, a.a.O., S. 274
70 FGL, Briefe, a.a.O., S. 155
71 Yerma, aus: FGL, Die dramatischen Dichtungen, a.a.O., S. 295
72 Yerma, a.a.O., S. 297
73 Yerma, a.a.O., S. 328
74 Bernarda Albas Haus, aus: FGL, Die dramatischen Dichtungen, a.a.O., S. 416

75 Bernarda Albas Haus, a.a.O., S. 445
76 Buster Keatons Spaziergang, aus: FGL, Drei kurze Spiele, Zürich 1956, S. 15
77 Die Jungfer, der Matrose und der Student, aus: FGL, Drei kurze Spiele, a.a.O., S. 25
78 FGL, Komödie ohne Titel, Frankfurt 1986, S. 65-67
79 Komödie ohne Titel, a.a.O., S. 70/71
80 Komödie ohne Titel, a.a.O., S. 78
81 FGL, Das Publikum, Frankfurt 1986, S. 12
82 Das Publikum, a.a.O., S. 37
83 FGL, Zigeunerromanzen, Frankfurt 1953, Romanze von der spanischen Guardia Civil, S. 45
84 Romanze von der spanischen Guardia Civil, a.a.O., S. 50
85 FGL, Briefe, a.a.O., S. 9
86 FGL, Briefe, a.a.O., S. 224
87 Norm und Paradies der Neger, aus: FGL, Dichter in New York, Frankfurt 1963, S. 19
88 Norm und Paradies der Neger, a.a.O., S. 19
89 Norm und Paradies der Neger, a.a.O., S. 20
90 Botho Strauß, Beginnlosigkeit. Reflexionen über Fleck und Linie, München 1992, S. 18/19
91 Tanz des Todes, aus: Dichter in New York, a.a.O., S. 33
92 Landschaft von der Menge, welche pißt, aus: Dichter in New York, a.a.O., S. 43
93 Blinder Rundblick auf New York, aus: Dichter in New York, a.a.O., S. 53
94 FGL, Briefe, a.a.O., S. 126
95 FGL, Briefe, a.a.O., S. 148
96 FGL, Briefe, a.a.O., S. 249
97 Doppelgedicht vom Eden-See, aus: Dichter in New York, a.a.O., S. 61
98 Mond und Panorama der Insekten, aus: Dichter in New York, a.a.O., S. 89
99 Ode auf Walt Whitman, aus: Dichter in New York, a.a.O., S. 109/111
100 FGL, Über Dichtung und Theater, a.a.O., S. 30/31
101 Ian Gibson, Federico García Lorca, Frankfurt 1991, S. 177
102 FGL, Dichtung vom Cante Jondo, Frankfurt 1984, S. 111
103 Der Schrei, aus: Dichtung vom Cante Jondo, a.a.O., S. 11
104 Und danach, aus: Dichtung vom Cante Jondo, a.a.O., S. 15
105 Die hier genannten Titel habe ich der Ausstellung „Memento Andaluz" des Berliner Malers Udo Klückmann entnommen, die ich als Dramaturg am Theater am Turm anläßlich einer Inszenierung von *Komödie ohne Titel* am TaT in Frankfurt 1992 eröffnet habe. Diese Bilder gehören dem umfangreichen García Lorca-Zyklus von Udo Klückmann an.

106 FGL, Diwan des Tamarit. Sonette der dunklen Liebe, Frankfurt 1986, Von der unerwarteten Liebe, S. 9
107 Von der Liegenden, aus: Diwan des Tamarit, a.a.O., S. 43
108 Der Dichter sagt die Wahrheit, aus: Sonette der dunklen Liebe, a.a.O., S. 85

ZEITTAFEL

Federico García Lorca wird am 5. Juni 1898 in Fuente Vaqueros bei Granada als Sohn eines Großgrundbesitzers und einer Lehrerin geboren. Er lebt mit seinen Geschwistern Francisco, Conchita und Isabel in der Nähe von Granada auf dem Land und besucht in der Stadt das Colegio del Sagrado Corazón de Jesús.
Er beginnt zu zeichnen und bekommt Gitarren- und Klavierunterricht, als er 1914 das Studium der Rechtswissenschaft, Literatur und Philosophie an der Universität Granada beginnt.
Er schreibt erste Gedichte und unternimmt Reisen nach Kastilien und in andere spanische Provinzen.
1918 erscheint sein erstes Buch, *Impressionen und Landschaften*.
1919 zieht er in die Residencia de Estudiantes nach Madrid. Hier beginnt seine Freundschaft mit Salvador Dalí, Luis Buñuel und vielen anderen bedeutenden Künstlern. Er verbindet seine Liebe zu Dalí mit ihrer intensiven Zusammenarbeit.
1920 wird sein erstes Theaterstück, *Die Verzauberung des Schmetterlings*, am Teatro Eslava in Madrid uraufgeführt. Ein Jahr später erscheint sein erster Gedichtband.
Durch den Einfluß von Manuel de Falla studiert Lorca den „cante jondo" und schreibt eigene Gedichte vom „tiefinneren Sang". Er hält Vorträge über den Zigeunergesang, über Malerei und Dichtung. Er stellt seine Zeichnungen aus und besucht immer häufiger die Familie Dalí in Cadaquez. Mit dem Maler-Freund diskutiert und korrespondiert er über den Surrealismus.
1924 schreibt er *Doña Rosita oder die Sprache der Blumen* und schließt ein Jahr später *Mariana Pineda* ab.
1926 veröffentlicht er seine *Ode an Salvador Dalí*.
Dalí entwirft das Bühnenbild zur Uraufführung von *Mariana Pineda* 1927 am Teatro Fontalba in Madrid. Dalí macht erste Einzelausstellungen und zieht nach Paris.
Lorca gründet mit Freunden die Zeitschrift „gallo" und schreibt weiter an den *Zigeunerromanzen* und an Dramenfragmenten wie *Buster Keatons Spaziergang* und *Die Jungfrau, der Matrose und der Student*.
1929/30 arbeitet er in New York an seinem Gedichtband *Dichter in New York* und am Stück *Die wundersame Schustersfrau*.
Er gründet 1932 die Theatergruppe „La Barraca" und zieht mit ihr als Autor und Regisseur übers Land
1933 Uraufführung von *Bluthochzeit* und *In seinem Garten liebt Don Perlimplín Belisa*.
1934 Uraufführung von *Yerma*, dem ersten Theaterskandal Lorcas.
In Madrid erscheint sein Dramen-Text *Das Publikum*.
1936 schreibt Lorca *Bernarda Albas Haus*. Er liest im Juni

Freunden in Madrid vor. Im Juli reist er nach Granada. *Sobald fünf Jahre vergehen* wird vorbereitet.
Am 19. August 1936 wird Lorca durch ein falangistisches Kommando bei Fuente Grande/Viznar in unmittelbarer Nähe von Granada erschossen.

Die fundierte Biographie „Federico García Lorca" von Ian Gibson ist im Insel Verlag erschienen. Bei Insel/Suhrkamp liegt (z.T. vergriffen) Lorcas Werk vor. Hier sind auch die vollständige Bibliographie sowie die genauen Entstehungs- und Veröffentlichungsdaten aller Werke Lorcas zu finden.

Inhalt

Eine Vorbemerkung 9
   I. Für mich ist träumen besser als leben 13
  II. Granada – Paradies für viele verschlossen 23
 III. Dalí ist der Mann, der mit goldenem Beil gegen die Phantasmen kämpft 33
 IV. Nur das Geheimnis läßt uns leben 51
   V. Jetzt habe ich eine Dichtung zum Adern öffnen 63
 VI. Ich protestiere! Ich protestiere! Ich protestiere! 71
VII. Man muß jung sein und siegen 77
VIII. Ich habe solange mit der Maske gekämpft, bis ich dich nackt sah 87
 IX. Die Pein ist eine Art tiefer, innerer Schatten 107
  X. Ich will, du sollst um meine Qualen wissen 117
Nachweise 127
Zeittafel 131

Oberbaum

Lieferbare Titel

Anna Achmatowa, Briefe / Aufsätze / Fotos
Briefe zweisprachig
Über 200 Fotos, davon ca. 150 dt. Erstveröffentlichung
504 Seiten   88,00 DM   ISBN 3-926409-60-6

***

Anna Achmatowa, Die roten Türme des heimatlichen Sodom
Gedichte / zweisprachig und fünf Briefe Pasternaks an A. Achmatowa
248 Seiten   39,80 DM   ISBN 3-926409-09-6

***

Anna Achmatowa, Eine Biographie / von Amanda Haight
Deutsche Erstveröffentlichung
364 Seiten   58,00 DM   ISBN 3-926409-69-X

***

Anna Achmatowa, Poem ohne Held
zweisprachig
mit Erinnerungen von Jossif Brodskij und Georgij Adamowitsch
220 Seiten   38,00 DM   ISBN 3-926409-40-1

***

Anna Achmatowa, Requiem
Gedichte / zweisprachig
104 Seiten   24,80 DM   ISBN 3-926409-08-8

***

Adonis, Dichtung und Wüste
Essays / Deutsche Erstveröffentlichung
104 Seiten   32,00 DM   ISBN 3-928254-32-4

***

Adonis, Gebet und Schwert
Essays / Deutsche Erstveröffentlichung
80 Seiten   29,80 DM   ISBN 3-928254-33-2

***

Adonis, Leichenfeier für New York
Gedichte / Deutsche Erstveröffentlichung
80 Seiten   29,80 DM   ISBN 3-928254-36-7

***

Adonis, Revolte in der arabischen Dichtung
Essays / Deutsche Erstveröffentlichung
72 Seiten   29,80 DM   ISBN 3-928254-74-X

***

Károly Bari, Vom Gellen der Geigen
oder
…und Weiber schmuggeln Fellhaare krepierter Katzen
ins Brot ihrer Feinde: sie zu verderben
Gedichte / Zigeunerlieder / zweisprachig ungarisch-deutsch
mit farbigen Zeichnungen des Autors
140 Seiten   38,00 DM   ISBN 3-928254-65-0

***

Pál Bodor, Die Schweizer Villa
Roman / Erstveröffentlichung
400 Seiten   42,00 DM   ISBN 3-928254-75-8

***

Pál Bodor, Meines Vaters Buch
Roman-Essay / Erstveröffentlichung
200 Seiten   36,00 DM   ISBN 3-928254-98-7

***

Bernd Böhmel, Das Geheimnis des Sieges – Duell mit Schlieffen –
Roman / Erstveröffentlichung
260 Seiten   44,00 DM   ISBN 3-928254-54-5

***

Wolf Deinert, Meine Heimat
Roman
140 Seiten   26,00 DM   ISBN 3-926409-07-X

***

Ivan Denes, Angor Pectoris
Erzählungen / Erstveröffentlichung
260 Seiten   39,80 DM   ISBN 3-928254-63-4

***

Ivan Denes, Gott am Wannsee
Roman
600 Seiten   44,00 DM   ISBN 3-928254-62-6

***

Ivan Denes, Die Tauben
Roman / Erstveröffentlichung
180 Seiten   36,00 DM   ISBN 3-928254-24-3

***

Stephan Dettmeyer, Ehrlich bis DDehrlich
Vorwendische Reimereien / Gedichte / Erstveröffentlichung
94 Seiten   24,00 DM   ISBN 3-928254-42-1

***

Stephan Dettmeyer, Gezeichnet: Messias
Roman / Erstveröffentlichung
340 Seiten   44,00 DM   ISBN 3-928254-48-0

***

East Side Gallery, Mauerkatalog
Format Din A4 / mit 108 farbigen Abb. / Biographien im Anhang
180 Seiten   39,80 DM   ISBN 3-928254-02-2

***

Michael G. Fritz, Das Haus
Roman / Erstveröffentlichung
286 Seiten   38,00 DM   ISBN 3-928254-28-6

***

Uwe Grüning, Grundlose Wanderschaft
Gedichte / Erstveröffentlichung
130 Seiten   28,00 DM   ISBN 3-928254-52-9

***

Gu Zhengxiang, Ich lebe östlich des Ozeans
Chinesische Lyrik des 20. Jahrhunderts
Anthologie / Deutsche Erstveröffentlichung
Herausgegeben von Katrina Pangritz und Gu Zhengxiang
180 Seiten   39,80 DM   ISBN 3-928254-43-X

***

Nicolai Gumiljov, Ausgewählte Gedichte
Gedichte / zweisprachig / Deutsche Erstveröffentlichung
154 Seiten   39,80 DM   ISBN 3-926409-45-2

***

Regina Hastedt, Dorothea Erxleben
Roman / Erstveröffentlichung
270 Seiten   39,80 DM   ISBN 3-928254-40-5

***

Siegfried Heinrichs, Die Erde braucht Zärtlichkeit
Gedichte / Erstveröffentlichung
140 Seiten   28,00 DM   ISBN 3-926409-38-X

***

Siegfried Heinrichs, Kassiber
Erzählungen, Fragmente, Gedichte / Erstveröffentlichung
160 Seiten   28,00 DM   ISBN 3-926409-36-3

***

Siegfried Heinrichs, Zeit ohne Gedächtnis
Gedichte / Erstveröffentlichung
140 Seiten   39,80 DM   ISBN 3-926409-06-1

***

Sinaida Hippius, Verschiedener Glanz
Gedichte / Briefe an N. Berberowa und W. Chodassewitsch
Erstveröffentlichung
52 Abbildungen / schwarz-weiß / z. T. erstmalig
390 Seiten   58,00 DM   ISBN 3-928254-11-1

***

Klaus Holzkamp, Echtzeit
Rocklyrik / Erstveröffentlichung
mit Zeichnungen von Hans Funk
110 Seiten   32,00 DM   ISBN 3-928254-55-3

***

Rolf Hosfeld, Heinrich Heine
Dissertation
280 Seiten   29,80 DM   ISBN 3-926409-20-7

***

Hajo Jahn (Hrsg.), Zwischen Theben und Shanghai
Jüdische Exilanten in China – Chinesische Exilanten in Europa
Almanach des V. Else-Lasker-Schüler-Forums „Flucht in die Freiheit"
mit 16 Abbildungen
230 Seiten   29,80 DM   ISBN 3-928254-06-5

***

Sergej Jessenin, Gegen die Seßhaftigkeit des Herzens
Gedichte (zweisprachig), Briefe, Dokumente, Fotos
150 Abbildungen / schwarz-weiß und farbig
550 Seiten   68,00 DM   ISBN 3-926409-61-4

***

Anatoli Kaplan, Damals im Schtetl
Bemalte Kacheln
40 farbige Abbildungen / Erstveröffentlichung
64 Seiten   48,00 DM   ISBN 3-926409-96-7

***

Thanos Kießling, Galerie der Steine
Gedichte / Erstveröffentlichung
70 Seiten   26,00 DM   ISBN 3-928254-60-X
***
Anatoli Kim, Moskauer gotische Erzählungen
Erzählungen / Deutsche Erstveröffentlichung
82 Seiten   28,00 DM   ISBN 3-926409-87-8
***
Christoph Klimke, Alles sei Traum
Gedichte / Erstveröffentlichung
110 Seiten   29,80 DM   ISBN 3-928254-78-2
***
Christoph Klimke, Federico García Lorca oder *Honig ist süßer als Blut*
Essay, Fotos, Dokumente / Erstveröffentlichung
180 Seiten   39,80 DM   ISBN 3-928254-79-0
***
Norbert Koch, Tonne und Tönnchen
Roman / Erstveröffentlichung
202 Seiten   32,00 DM   ISBN 3-928254-14-6
***
Friedrich-Wilhelm Krahe, Geschichte-Gedichte
Erstveröffentlichung
160 Seiten   34,00 DM   ISBN 3-928254-67-7
***
Roy Kummer, Schneewindmauern
Kurze Prosa / Erstveröffentlichung
132 Seiten   29,80 DM   ISBN 3-928254-59-6
***
Roy Kummer, Schonzeit abgelaufen
Prosa / Erstveröffentlichung
120 Seiten   29,80 DM   ISBN 3-928254-30-8
***
Walter Laufenberg, Hitlers Double
Tatsachenroman / Erstveröffentlichung
420 Seiten   42,00 DM   ISBN 3-928254-70-7
***
Walter Laufenberg, So schön war die Insel
Roman / Erstveröffentlichung
320 Seiten   38,00 DM   ISBN 3-928254-01-4
***
Walter Laufenberg, Sylvesterfeuerwerk
Roman / Erstveröffentlichung
400 Seiten   42,00 DM   ISBN 3-928254-22-7
***
Ewa Lipska, Auf den Dächern der Mausoleen
Gedichte / Deutsche Erstveröffentlichung
80 Seiten   16,80 DM   ISBN 3-926409-18-5
***
Ossip Mandelstam, Briefe an Nadeshda
zweisprachige Ausgabe / Deutsche Erstveröffentlichung
244 Seiten   39,80 DM   ISBN 3-926409-56-8
***

Ossip Mandelstam, Wie ein Lied aus Palästina
Gedichte (zweisprachig), Briefe, Dokumente
236 Seiten   39,80 DM   ISBN 3-926409-53-3
***
Sándor Márai, Bekenntnisse eines Bürgers
Roman / Deutsche Erstveröffentlichung
430 Seiten   58,00 DM   ISBN 3-928254-22-7
***
Sándor Márai, Land, Land
Erinnerungen / Deutsche Erstveröffentlichung
350 Seiten   44,00 DM   ISBN 3-928254-93-6
***
Sándor Márai, Tagebücher
Deutsche Erstveröffentlichung
400 Seiten   48,00 DM   ISBN 3-928254-94-4
***
Christoph Meckel, Berliner Doodles
Zeichnungen und Texte / Erstveröffentlichung
48 Seiten   48,00 DM   ISBN 3-926409-04-5
***
Iwona Mickiewicz, Puppenmuseum
Gedichte / zweisprachig polnisch-deutsch
Deutsche Erstveröffentlichung
40 Seiten   26,00 DM   ISBN 3-926409-95-9
***
Moderne russische Poesie seit 1966
zweisprachige Ausgabe / Deutsche Erstveröffentlichung
408 Seiten   58,00 DM   ISBN 3-926409-65-7
***
Karl Oppermann, Musikalisches Skizzenbuch
Collagen und Texte
52 Seiten   48,00 DM   ISBN 3-928254-12-X
***
Gerhard Ortinau, Ein leichter Tod
(Brief des SS-Hauptsturmführers Dr. Weber an den Obersturmbannführer
Dr. Brandt vom persönlichen Stab des Reichsführers-SS)
Erzählungen / Erstveröffentlichung
60 Seiten   28,00 DM   ISBN 3-928254-53-7
***
Pier Paolo Pasolini, Dialoge I. Die schönen Fahnen (1960-1965)
Gespräche / Deutsche Erstveröffentlichung
330 Seiten   48,00 DM   ISBN 3-928254-13-8
***
Pier Paolo Pasolini, Dialoge II. Chaos (1967-1970)
Gespräche / Deutsche Erstveröffentlichung
230 Seiten   44,00 DM   ISBN 3-928254-49-9
***
Pier Paolo Pasolini, Dialoge III. Der Traum des Centaur (1969-1975)
Interview / Deutsche Erstveröffentlichung
200 Seiten   44,00 DM   ISBN 3-928254-17-0
***

Pier Paolo Pasolini, Essays und Tagebücher
Deutsche Erstveröffentlichung
Übernommene Ausgabe der Grazer Ausstellung 1995 zu Pasolini,
(Originalausgabe des Verlages „Marsilio", Venedig)
180 Seiten   49,80 DM   ISBN 3-928254-45-6
***
Pier Paolo Pasolini, Gedichte
zweisprachig / Deutsche Erstveröffentlichung
180 Seiten   38,00 DM   ISBN 3-928254-44-8
***
Boris Pasternak, Aus Briefen verschiedener Jahre
Deutsche Erstveröffentlichung
106 Seiten   32,00 DM   ISBN 3-928254-19-7
***
Boris Pasternak, Ein großer standhafter Geist / 1. Teil
Briefwechsel mit Maria Judina / Deutsche Erstveröffentlichung
44 Seiten   24,00 DM   ISBN 3-928254-04-9
***
Boris Pasternak, Ein großer standhafter Geist / 2. Teil
Briefwechsel mit Maria Judina / Deutsche Erstveröffentlichung
44 Seiten   24,00 DM   ISBN 3-928254-05-7
***
Boris Pasternak, Ljuvers Kindheit / Gedichte / Briefe
Erzählung und Gedichte (zweisprachig)
294 Seiten   39,80 DM   ISBN 3-926409-28-2
***
Boris Pasternak, Petersburg
Romanfragment / Deutsche Erstveröffentlichung
40 Seiten   24,00 DM   ISBN 3-928254-38-3
***
Andrej Platonow, Das Volk Dshan / Die Baugrube / Der Takyr
Zwei Romane und eine Erzählung / Deutsche Erstveröffentlichung
440 Seiten   58,00 DM   ISBN 3-926409-79-7
***
Andrej Platonow, Die Tragödie der 14 Roten Hütten
Deutsche Erstveröffentlichung / Herausgegeben von Lola Debüser
302 Seiten   48,00 DM   ISBN 3-926409-94-0
***
Utz Rachowski, Die Stimmen des Sommers
Erzählungen
80 Seiten   28,00 DM   ISBN 3-926409-70-3
***
Miklós Radnóti, Monat der Zwillinge
Erzählungen / Gedichte / Deutsche Erstveröffentlichung
170 Seiten   38,00 DM   ISBN 3-928254-03-0
***
Miklós Radnóti, Offenen Haars fliegt der Frühling
Tagebücher / Gedichte / Fotos / Dokumente
Deutsche Erstveröffentlichung
240 Seiten   44,00 DM   ISBN 3-928254-20-0
***

Janis Rainis, Der Sonnenthron
Gedichte, Briefe, Fotos / zweisprachig / Deutsche Erstveröffentlichung
210 Seiten   39,80 DM   ISBN 3-926409-90-8

***

Irina Ratuschinskaja, Kein Moses ist vor uns
Gedichte / zweisprachig / Deutsche Erstveröffentlichung
56 Seiten   28,00 DM   ISBN 3-926409-78-9

***

Axel Reitel, Das Glück in Mäusebach
Erzählungen / Erstveröffentlichung
140 Seiten   26,00 DM   ISBN 3-926409-98-3

***

Jewgenij Samjatin, Wir
Roman / Neuübersetzung von Thomas Reschke
240 Seiten   39,80 DM   ISBN 3-926409-92-4

***

Warlam Schalamow, Ankerplatz der Hölle
Gedichte / Erzählungen / Dokumentationen
Deutsche Erstveröffentlichung
220 Seiten   44,00 DM   ISBN 3-926409-80-0

***

Boris Schapiro, Nikeische Löwin
Gedichte und Poeme / Deutsche Erstveröffentlichung
150 Seiten   29,80 DM   ISBN 3-928254-18-9

***

Klaus E. Schneider, Wir reißen hoch die Riesenapparate
Roman / Erstveröffentlichung
390 Seiten   44,00 DM   ISBN 3-928254-61-8

***

Jelena Schwarz, Ein kaltes Feuer brennt an den Knochen entlang
Gedichte / Deutsche Erstveröffentlichung
144 Seiten   38,00 DM   ISBN 3-928254-68-5

***

Lutz Seiler, berührt / geführt
Gedichte / Erstveröffentlichung
83 Seiten   28,00 DM   ISBN 3-928254-37-5

***

Sembène Ousmane, Der Voltaer / Niiwam
Erzählungen / Deutsche Erstveröffentlichung
280 Seiten   36,00 DM   ISBN 3-926409-85-1

***

Sembène Ousmane, Die Postanweisung
Roman / Deutsche Erstveröffentlichung
102 Seiten   28,00 DM   ISBN 3-926409-11-8

***

Sembène Ousmane, Meines Volkes schöne Heimat
Roman
300 Seiten   44,00 DM   ISBN 3-928254-80-4

***

Sembène Ousmane, Weiße Genesis
Roman / Deutsche Erstveröffentlichung
122 Seiten   28,00 DM   ISBN 3-926409-17-7

***

Elisa Springer, Das Schweigen der Lebenden
Erzählung / Deutsche Erstveröffentlichung
120 Seiten   34,00 DM   ISBN 3-928254-47-2

***

Magdalena Tulli, Träume und Steine
Prosa / Deutsche Erstveröffentlichung
114 Seiten   29,80 DM   ISBN 3-928254-81-2

***

Aale Tynni, Meine schöne Schwester
Gedichte, Fotos, Dokumente / zweisprachig finnisch-deutsch
Deutsche Erstveröffentlichung
218 Seiten   44,00 DM   ISBN 3-926409-63-0

***

Günter Ullmann, Lichtzeichen
Gedichte / Nachdichtungen / Erstveröffentlichung
102 Seiten   28,00 DM   ISBN 3-928254-50-2

***

Jan Werich, Fimfarum
Märchen / Deutsche Erstveröffentlichung
mit Illustrationen
220 Seiten   44,00 DM   ISBN 3-928254-92-8

***

Hermann Heinz Wille, Der grüne Rebell
Roman / neubearbeitete Auflage
400 Seiten   42,00 DM   ISBN 3-928254-58-8

***

Witold Wirpsza, Orangen im Stacheldraht
Erzählung
140 Seiten   18,00 DM   ISBN 3-926409-03-7

***

Bettina Wöhrmann, Doppelgesicht
Gedichte / Erstveröffentlichung
60 Seiten   28,00 DM   ISBN 3-928254-57-X

***

Marina Zwetajewa, An Anna Achmatowa (Gedichte) und
Briefe an Iwask, Chodassewitsch, Woloschin, Gul, Fedotov
Gedichte zweisprachig / Deutsche Erstveröffentlichung
242 Seiten   48,00 DM   ISBN 3-926409-68-1

***

Marina Zwetajewa, Auf Rotem Roß (Poem) und Briefe an Rosanow,
Lann, Rodsewitsch, Gronskij, Steiger, Berija
Poem zweisprachig / Deutsche Erstveröffentlichung
190 Seiten   44,00 DM   ISBN 3-928254-26-X

***

Marina Zwetajewa, Briefe an Anna Teskova und R. N. Lomonossowa
Deutsche Erstveröffentlichung
360 Seiten   58,00 DM   ISBN 3-926409-72-X

***

Marina Zwetajewa, Briefe an Ariadna Berg
Deutsche Erstveröffentlichung
200 Seiten   44,00 DM   ISBN 3-928254-25-1

***

Marina Zwetajewa, Briefe an Bachrach und Ausgewählte Gedichte
zweisprachige Ausgabe / Deutsche Erstveröffentlichung
302 Seiten   39,80 DM   ISBN 3-926409-54-1
***
Marina Zwetajewa, Briefe an die Tochter
Deutsche Erstveröffentlichung
160 Seiten   38,00 DM   ISBN 3-928254-69-3
***
Marina Zwetajewa, Briefe an Steiger
Deutsche Erstveröffentlichung
200 Seiten   44,00 DM   ISBN 3-928254-51-0
***
Marina Zwetajewa, Briefe an Vera Bunina und D. A. Schachowskoy
Deutsche Erstveröffentlichung
162 Seiten   39,80 DM   ISBN 3-926409-71-1
***
Marina Zwetajewa, Theaterstücke
Herzbube / Der Schneesturm / Der steinerne Engel
Deutsche Erstveröffentlichung
136 Seiten   38,00 DM   ISBN 3-928254-66-9
***
Rajzel Żychlinski, Gottes blinde Augen
Gedichte / zweisprachig jiddisch-deutsch
Deutsche Erstveröffentlichung
240 Seiten   44,00 DM   ISBN 3-928254-27-8
***

Oberbaum Sachbuch – Lieferbare Titel

Anna Achmatowa: Leben und Werk (Video)
55 Min.   44,00 DM   ISBN 3-928254-00-6
***
Detlef Bieseke, Gefangener auf vier Kontinenten
350 Seiten   48,00 DM   ISBN 3-928254-07-3
***
Rolf Born, Heimann Joseph Ephraim
240 Seiten   38,00 DM   ISBN 3-926409-66-5
***
Giuseppe Camerino, Italo Svevo und die Krise Mitteleuropas
Essay / Deutsche Erstveröffentlichung
180 Seiten   36,00 DM   ISBN 3-928254-41-3
***
Fritz/Lutz, Kochen wie in Afrika
120 Seiten   29,80 DM   ISBN 3-926409-55-X
***
Birgid Gysi, Dario Fo – Theater Politik Kultur
Dissertation / mit Fotos und Faksimiles
250 Seiten   44,00 DM   ISBN 3-928254-95-2
***

Gerhard Kroll, Modelle für das Management
Handbuch / 3 Bände
2520 Seiten   298,00 DM
ISBN 3-933314-00-3 (Gesamtausgabe)
ISBN 3-933314-01-1 (1. Bd.)
ISBN 3-933314-02-X (2. Bd.)
ISBN 3-933314-03-8 (3. Bd.)
***
Randolf Kugler, Das Landungswesen in Deutschland seit 1900
743 Seiten   148,00 DM   ISBN 3-926409-52-5
***
Günther Reiche, Richard Hartmann – Das Lokomotivenbuch
mit 330 s/w- und 4 farbigen Abbildungen
240 Seiten   98,00 DM   ISBN 3-928254-56-1
***
Heinrich Riedl, Handbuch für Kraftfahrer und Fahrschüler
mit zahlreichen Abbildungen
400 Seiten   48,00 DM   ISBN 3-928254-21-9
***
Peter Schenk, Landung in England
432 Seiten   98,00 DM   ISBN 3-926409-44-4
***
Hartmut Schustereit, Deutsche Militärverwaltung im Umbruch
mit zahlreichen Graphiken
460 Seiten   58,00 DM   ISBN 3-928254-96-0
***
Helmut Wolf, Abiturient bei Hitler
352 Seiten   58,00 DM   ISBN 3-928254-71-5
***

Änderung der Ladenpreise vorbehalten.
Stand: 31. März 1998

Auslieferungen
Deutschland: VAL – VERLAGS-AUSLIEFERUNG *GmbH*
Lüner Rennbahn 16
D-21339 Lüneburg
Tel.: 04131/9835-416
Österreich: Hora Verlag GmbH
Hackhofergasse 8, A-1195 Wien. Nussdorf
Schweiz: Pegasus Verlagsauslieferung
Dorfstraße 17, CH-6030 Ebikon